创业励志启智读本系列

天生我菜

袁海军 著

大多数人在关注**创业者的成功**

可每一位成功者又何尝不是经历了太多的

菜鸟阶段

全国百佳图书出版单位

知识产权出版社

图书在版编目（CIP）数据

天生我菜 / 袁海军著.—北京：知识产权出版社，2014.4
（创业励志启智读本系列）
ISBN 978-7-5130-2673-4

Ⅰ.①天… Ⅱ.①袁… Ⅲ.①企业管理—基础知识 Ⅳ.①F270

中国版本图书馆 CIP 数据核字（2014）第 060083 号

责任编辑：王　辉　　　　　　　　　　责任出版：刘译文
特邀编辑：邢　洁　　　　　　　　　　封面设计：段　赟

（创业励志启智读本系列）

天生我菜
TIANSHENG WO CAI

袁海军　著

出版发行：知识产权出版社 有限责任公司	网　　址：http：//www.ipph.cn
电　　话：010-82004826	http：//www.laichushu.com
社　　址：北京市海淀区马甸南村 1 号	邮　　编：100088
责编电话：010-82000860 转 8381	责编邮箱：wanghui@cnipr.com
发行电话：010-82000860 转 8101/8029	发行传真：010-82000893/82003279
印　　刷：北京科信印刷有限公司	经　　销：各大网络书店、新华书店及相关专业书店
开　　本：720mm×1000mm　1/16	印　　张：9.5
版　　次：2014 年 8 月第 1 版	印　　次：2014 年 8 月第 1 次印刷
字　　数：120 千字	定　　价：45.00 元

ISBN 978-7-5130-2673-4

序

亲爱的读者朋友：

感谢您偶然翻阅此书！

有朋友问我："为什么想写书？"

我回答："一是因为很多人在写书，二是因为自我感觉准备的差不多了，三是因为创业后略有些积蓄，四是因为在此期间打击我的人比鼓励我的人要少，五是因为理想和现实PK暂时打了胜仗，六是因为山东烟台是个适宜居住写作的地方。"

有朋友问我："为什么想给青年创业者写书？"

我回答："一是因为我还没有那么老，二是因为现状中青年人对此有主动需求，三是因为青年人或多或少向往创业，四是因为大多数的青年人此时自己挣的银子还不多，五是因为我和他们有很多相似的地方，六是因为我水平在逐步提高，还不敢涉足其他话题。"

有朋友问我："为什么把创业分成四个阶段？"

我回答："第一阶段，涉世之初，年轻人对社会充满无知、彷徨、迷茫甚至是恐惧，但毕业了他们只能被动的去面对和融入社会。虽然他们研究、探索、学习、实践、行动、总结着自己看到听到触到的一切事物，可无论他们走到哪里，他们一定是那群被批评、被教育、被训斥、被充电的那群人，说白了就像一只无知无奈无胆无识但还需硬着头皮勇敢学着往前飞的一只菜鸟，所以第一本书被命名为《天生我菜》。"

"第二阶段，三五年的社会实践，经历了更多的就业和创业的起起伏伏，终于可以让自己站在新人面前吹嘘一番，而刚有了一点社会常识和社会经历就想当然的总结自己的认识和看法，'一切向着钱''一切朝业绩看'成了青年创业者的座右铭，现实中因为有了钱自己就可以吃喝玩乐，出入高档场所，穿名牌玩时尚，甚至还会吸引美女的追随，于是财迷心窍，一切钱说了算，所以第二本书被命名为《天生我财》。"

"第三阶段，十年的创业经历，会拥有更多的感受和心得，本质上善良、热情、真诚、好学、上进的年轻人，在经历了金钱的无数次考验和洗礼之后，终于明白人生的价值不仅仅是为了钱成为钱奴，其中一定要尽情展现自我才华得到民众的尊重和认可，于是第三本书被命名为《天生我才》。"

"第四阶段，人生十五年二十年的就业与创业经历会让自己升华，这时有的人会思考'人为了什么而活着''人生的终极目标到底是什么''人生的伟大意义在哪里''自己需要到达一个什么样的人生境界才会真正在未来的那一天不会感到遗憾和后悔'，所以人生的定位和使命，才是我们一生真正追求的东西，只有明白了这一点就会了悟人生真谛，也就能发挥各自的优势并且取长补短，为世间万物造福，诗人李白'天生我材必有用，千金散尽还复来'的诗句，就是在表达人生的价值和豪迈，所以第四本书被命名为《天生我材》。"

有朋友问我："就不担心作品被当成废品一样扔进垃圾堆？"

我回答："担心，但也不担心。与市场同类书比较，一是因为语言真诚自然、朴实励志、通俗易懂、幽默诙谐，力求大道至简启智开慧；二是因为形式采取对话，紧扣就业与创业中的上千个疑点、难点、困惑进行解答，立竿见影；三是因为格式图文并茂，语言精练，微妙风趣，彩图精美，画工精湛，图像可爱，创意新颖，表现丰富；四是因为定位人群在 18~35 岁的就业与创业者；五是因为渠道发行可以通过纸质书、画册、有声书、电子出版物多种形式进行全球传播下载阅读购买；六是因为价格纸质书电子书建议定在中等价位，下载格式的书也是采取大量让利。"

朋友回答：愿我们能喜欢！

我回答："创业道路上会遇到各种各样的敌人，但真正的敌人不是别人，而是自己，只有战胜了自己，才会勇往直前，朝着梦想前进！"

再次感谢您仍在翻阅此书！

袁海军

2014 年初春

公元2012年某月某日，北京某主流媒体（电视台）新闻部领导和几位年轻记者。

01 "小伙子们，大清早看上去就没精神，待会儿给你们派个大活儿，激活你们一下！"

O2 "领导饶了我们吧，现在这年头找个大活儿，就跟在地球上找恐龙一样，就算有也是一堆化石。"

O3 "那我就给你们找个化石好好去研究研究。"

O4 "青天大老爷，就放过我们吧！会说话的还搞不懂呢，再整个不会说话的石头……"

05 "你们可别后悔，反正我是告诉你们了，今天你们要去采访的是那个叫袁海钧的人……"

06 "什么？袁海钧？领导！就是那个写创业励志成长故事的哥们儿？"

07 "那你们以为是谁！不去算了，反正你们也没劲儿！"

08 "去！去！我去！谁说不去了啊！我还正想着找机会去拜访他，正愁没机会呢，正好可以求一个干活儿轻松早点成功的良方，多爽啊！"

09 "那还不赶紧去，先知先觉啊……"

（一溜烟的工夫，记者们赶到了北京CBD商圈东三环万达广场6号楼下……）

准备就绪，访谈即将开始……

001 问:袁老师，您能告诉我您大二打工的原因吗?

答:可以。1996年大二的我，陪同桌去某公司参观，同桌的勤工俭学让我感到了一丝忧患，因为非本地无多少关系和经济实力的我，将来工作怎么办?

遇同桌，得忧患。

002 问：经理让你干什么？能行吗？

答：因为无知，所以听话照做，每天去扫街收集名片，认识客户，结果好不容易谈到一单1000元的业务，还没做成。

003 问：当时月薪多少？没业绩能行吗？

答：我一时冲动，说只要让我来实习，一分钱都不要，公司给我印了一盒名片，彩色的，职务是主管，别提多高兴了，这是我从业以来第一个能拿得出手的职位。但当时心里也有点虚，因为刚开干，就当个主管，万一被戳穿，那多尴尬呀！

004 问：在第一个公司没挣到工资，那就没有其他收获吗？

答：有，我收集了好多名片，而且大部分是我自己亲自扫楼陌拜得来的，很不容易。

005 问：一堆名片对你一个初来乍到还没有毕业的大学生有多大帮助呢？

答：刚开始经理让我去，我也不觉得有什么价值，但经理问我"你知道你

大学上什么课吗？"我说"知道"，"那你知道街上有什么公司吗？"我说"不知道"，"那你怎么会知道他们有什么需求呢？"

006 问：在这样的公司就没有遗憾和不满意的地方吗？

答：其实我那时非常不专业，傻乎乎的，所以即使公司有问题我也看不出来。而且我每天都那么忙（到处收集名片），但有一样我感到非常遗憾，那就是我

的同桌，一位我心目中的美女与她那儿的设计总监谈对象了……关键是找了个我不喜欢的男士，唉……不过他们结婚已经好些年了，也算是爱有所终吧。

OO7 问：现在你们有联系吗？

答：没有联系，但我有他们家的电话，这十几年间就见过一回，通过两三次话，我真心祝福他们，同时我也有所感悟。

008 问：第一家公司你何时离开的，之后又去了哪里？

答：具体离开时间我记不清楚，当我发现我的同桌和那位哥们儿谈对象后，我就莫名其妙地不想在那儿待了……后来正赶上暑假系学生会给我一个社会实践调研工作，每人一百元现金，一个钥匙环，一件纯棉白T恤，一件外套，我就奋不顾身地去干活了。

009 问：到底是干什么活？让你这么开心。

答：不是干什么活儿让我开心，是这么多待遇让我开心。比我在第一家公司的待遇高出很多噢！活儿就是在本地市场上调研polaroid一次成相相机的市场需求情况。

问：那后来呢？

答：开学后我写了三千多字的市场调研报告，有名有姓有时间有地点的，非常认真、严谨，那会儿我也有了点社会经验，最起码是胆子大了许多，公司也进过不少，所以也就有了自己的许多想法……我也没有问公司情况，反正该得的也得到了呗。

011 问：那你又去了哪里打工实践？

答：刚开始也没有直接去找工作，毕竟我一个人去打工感到孤独了很多，也缺少一股冲出去的热情和动力，一直到后来我才似懂非懂地明白，原来一起去打工尤其是和一位漂亮的女生出去打工，是那样地充满力量……

012 问：那你就没事可干了吗？

答：有啊，好好学习啊，外语系的功课不少，过专业四级、专业八级很不容易！

013 问：都过了吗？

答：可能对别人来说，不太难，但对我而言，很不容易。说实话，四、八级专业的必须要过，否则不让毕业。但我只过了系的标准，国家的标准还差几分！很遗憾！

014 问：有这么严重吗？怎么会这样呢？

答：从小到大，我在学习上从来没有被别人小看过，这次人丢大了，面子全没了……

015 问：说些高兴的让你有面子的事吧。

答：好吧，我终身难忘的让我大长自尊心的一件事就是我给SONY中国公司写的一份市场分析报告，得到了他们的回复，而且还称我为尊敬的阁下，这让我朦胧中看到了自己的一些能量。

016 问：有那么大的影响吗？有证据吗？

答：当时对我的影响很大，它完全从内心鼓舞了我对商业的信心，因为虽然我对SONY公司了解不多，但知道它是全球

性的超级大公
司，能得到这样
大公司的回信并
赞扬和认可，我
想是一辈子难以
忘怀的事情。对
了，这是回信的
资料和证据，大
家想看吗？

017 问：看来还是有很大进步的。那和SONY的合作成功了吗？

答：没有。因为我的所谓的策划可以给他带来市场十亿多的销售额，当然是我粗略算出来的，而他们只是让我把策划材料寄过去，可一分钱的报酬都没有提，所以我当时也心情矛盾，这么大的公司如此小气，我告诉了他们，那不就被纯粹利用欺骗了吗？所以我就再没有发资料出去，可能他们也在想我是在说大话、胡话圈一些钱吧，就一直没有下文了。

018 问：那就一直等到大学毕业才又去找工作吗？

答：没有，一个偶然的机会，我坐公交车回大学，经过一幢大楼旁时有块玻璃上贴了大大的"招聘"两字，从此我又开始了打工的日子。

019 问：打工就那么吸引你的注意力吗？有那么来劲？

答：真的没有多大意思，又辛苦，又被同学看不起，还影响学习成绩。可是除了打工还有什么能比它还开心的事（谈恋爱就不说了）呀？当时我是没有……

020 问：到了新公司适应吗？有什么感受？

答：因为离大学近而且还给工资，所以我就不能挑剔什么啦，感受是我比当年成熟老练了很多，最起码能和老板说一些简单的业务经历，仅此而已。

021 问：这回有了工资，怎么样，还满意吗？

答：谈不上满意，因为老板说我还在上学，不能算正式员工，随时都可以来，时间自由，所以工资是每月60元……

022 问：啊，才60元，怎么那么少？

答：还有提成呢，只要有业绩就会有提成和红包，所以我也同意了。

023 问：说明你还是愿意，一个愿打，一个愿挨！

答：让你说对了，我虽然在乎工资，但那怎么也比当年没工资强。最关键的是我在应聘时发现这个老板特别有老板的样子和感觉，而且和我交谈时很有水平和文化，尤其是他对市场的分析和对众多品牌的评价让我十分痴迷，因为这是我在打工阶段遇到的在我眼前第一个表现的最有水平和最有文化的老板。

024 问：他是什么公司的老板，让你这么着迷和佩服？

答：一家广告公司的老板，承揽全省十个地市的电视、报纸和户外广告业务。

025 问：你为什么要选择广告公司呢？别的公司不行吗？

答：其实我去应聘前也不知道这家公司是广告公司，只是看到了"招聘"二字。

026 问：就这些原因吗？

答：还有最重要的一点是我被他所介绍的公司的业务范围和专业流程所吸引了，要是在这个公司工作，做的可是全省全国产品的广告发布，这要是传出去，也更体面一些……

027 问：面子对你来说真的这么重要吗？万一你没有业绩怎么办？

答：面子很重要，过去和现在都重要！但过去是因为某些虚伪的原因，而现在更多的是因为自己所背负的社会责任和社会价值体现。

028 问：那你有没有业绩在那里？干的不错吧？

答：说实话，公司的业绩不断，但我的业绩总是"零蛋"，干的不太好！

029 问：零蛋还是"不太好"！是非常不好吧！干了多长时间，怎么都是零蛋呢？

答：差不多干了半年，在此期间我才发现广告业务非常不好做，不是别人不做广告，而是这份工作对我而言台阶比较高，我每天要完成新客户的收集和老客户的回访，然后按老板的指示将所有的客户分析资料全部上交。

O30 问：听起来你专业多了，不可能一个广告业务都没有吧？

答：没有，因为把所有的客户分析资料给老板后，老板就根据记录亲自去和客户谈了，谈判的是老板，定价的是老板，签合同的也是老板……有一天我似乎明白了些什么……

O31 问：明白了什么？是上当受骗了吧？

答：是也不是，最起码让我明白了我没有足够的能力和客户谈判广告业务，而价格自己又做不了主，签约权利在公司那里……

O32 问：那在这家广告公司你最大的收获是什么？

答：我无法比较哪个收获是最大的，但说起收获来我觉得还是很多的……

033 问：能具体说说吗？

答：在这家广告公司我收获的首先是眼界，在这里我完全放大眼睛，时刻在关注着我看到的一切新鲜事物，而且他们又与商业之间有着紧密的联系；其次我收获的是创意和策划的理念，直到从公司的某

一天起，我才终于明白老板靠销售什么赚钱，而且能赚好多钱，这让我耳目一新，要不是在这家公司亲眼看见，我真不敢相信商业思想也能赚钱。

034 问：你们老板的思路和策划真的赚了很多钱吗？

答：不好意思，挣了多少我不清楚，他也不会告诉我，但老板买设备几十万，买房好几套，买奥迪几十万。当时我来公司

时就两间十几平米的办公室，仅此而已，但这些就是在我来之后所见到的变化。

035 问：那还有其他大的收获吗？

答：有啊，见了很多电视台的名主持人，商家的一些大老板、大经理，还跟着去了很多豪华的商场，当然不是去逛街购物，只是在那里忙着装广告架子和拆广告架子……

036 问：这也算是大的收获吗，听起来很平常啊？

答：唉，对别人也许很平常，可是对于我一个涉世未深还没有毕业且月薪60元的大学生而言，这一切的一切都是我从来没有见到的……尤其是亲眼见到电视台美女主持人时，我的心都砰砰乱跳，老在怀疑这是真的吗，不是在做梦吧？

037 问：没有流出口水或哈啦子吧？

答：没有，那多没面子啊……就是有也得偷偷咽回去，表现出一副很不在乎的平常样子，不过有一次可真的有让我直咽口水的感觉。

038 问：那就说说吧，还需要保留吗？

答：那次我真的一直在咽口水，但不是因为美女……

039 问：那一定是遇见了仙女？

答：仙女也没见上，是见了一位老板，男老板……

040 问：这什么呀，一位男老板让你直流口水，至于吗？

答：至于，真的。他来我们公司时，手里拿着两样东西，一样是手机（表示很忙很cool的意思）；一样是茶叶，用个小绿桶装着的。老板让我给他冲茶喝，人家头一摇，"我只喝我的这个茶，非常香……"然后他自己泡上茶，自斟自饮，还发出品茶的赞叹声。

041 问：别人喝茶能让你流口水，太不可思议了！

答：不可思议吧，太对了，当时不只是我，我们业务部没有人不感到他的茶不好喝，都想尝一尝，可这老板就是没有那个意思，所以我们只能边听声音边咽口水了。

042 问：我不相信，有那么好喝吗？

答：当时的我感到茶好喝的主要原因是他太会说了，一杯茶让他说的神乎其神，我终于见到了比老板还厉害的广告策划人，心中油然而生崇拜之情。

043 问：噢，原来是遇到大忽悠了，也难怪呢！

答：那会儿还没听过"忽悠"这个词，但只看见老板对他特别客气，毕恭毕敬，悉听教诲，就知道那是一位牛气哄哄的大人物。

044 问：看来你还是在那里很有收获呀！就没有什么突出贡献吗？

答：突出贡献？当时我没有感到自己有多少贡献，突出的就更没有了，但后来我离开公司，有一次与公司会计在一起聚会吃饭时，她告诉了我一个天大的秘密，让我非常有自豪感，直到那时我才觉得原来我是有突出贡献的。

045 问：还真有突出贡献，那跟大家分享一下吧？

答：会计说我离开公司时，老板奖励我二百元钱，问我知道原因吗，我说不知道，但当时也并不太兴奋。会计告诉我原来我离开的原因是老板怕我有提成，差不多五千多吧。

046 问：啊，有那么多吗？你怎么能提那么多钱？你不是没有业绩吗？

答：是啊，我当时也不相信这是真的，但会计的话能有假吗？原来我每天上交的客户资料分析中有一家我自己拜访的客户，我跟踪回访了一个多月，和厂家负责人的关系也处得较好，虽然没钱请人家吃饭喝酒，但我手勤腿勤，经常到那里给他们送送报纸，帮些小活儿。在厂家和我们公司签订几十万的广告合同时，我还专门恳求老板带上我一起去签合同，但不久我就被好言相劝离开了公司，还得到奖励200元。

047 问：这不是骗子吗？你应该找他去！

答：当时我听会计说完之后，非常惊讶，但没有生气，因为我已经又一次地增加了自己的自信心：原来我也能谈下大单！

048 问：我想问，会计为什么会跟你说这么秘密的事，你们俩什么关系？

答：很简单，因为她被开除了或者是她把老板开除了，所以我们就成为了共过事的患难兄弟！

049 问：噢！原来相同的落难经历会让难友更加团结对敌呀！

答：是啊，最起码能找到诉苦的对象产生共鸣，不是吗？同是天涯沦落人，相逢而且还相识。

O50 问：离开了这家公司你又去了哪里？还是已经不再想去打工啦？

答：暑假期间我去了一趟桂林，然后去了一趟海南。

O51 问：你自己去的吗，花了不少钱吧？

答：是和我女友去的，还有他们一家人，钱我可没有，都是他们出的。

052 问：那你好意思吗？他们愿意让你去吗？

答：我很不好意思，因为要花很多钱，而且飞来飞去地更贵，当然他们愿不愿意我不知道，但女友肯定希望我能陪她去，而且当时我也挺动心，因为我还没有坐过飞机。

053 问：哈哈哈，看来你虽然不好意思但还很想去对吧？

答：那肯定是，别人替你出钱，还是坐飞机旅游，女友又陪着，只要别人不嫌你，还不赶快抓住机会啊！

054 问：那这和你的创业成长有关系吗？

答：有啊，太有关系了，因为我可以长时间还近距离地和一位大老板在一起呀！

055 问：不是吧，难道你女友的父亲是一位商人、老板？

答：是的，他是一位当地很有名气的民营企业家，不过之前女友从来没跟我说过，我们俩每天呆头呆脑的，常在学校一起上晚自习，出去逛街也不买东西（大学生都这样）。

056 问：那和这样一位老板一起去旅行，你就不紧张吗？

答：不是紧张，是激动！不是因为他我激动，而是因为桂林山水和天涯海角而激动，还有头一次

乘飞机，更是激动。也许当时也有些紧张吧，我一直在表面上压抑着自己的兴奋和激动，尽量不能让他们看出来。要不然多不沉稳呀，是吧？

057 问：哈哈哈，看来你还挺能装的嘛！狡猾！

答：我想一部分是装的，但有一部分是自己的素养表现出来的气质，我狡猾吗？没有吧？

058 问：那你给他们留的印象怎么样，让老板满意吗？

答：据女友后来告诉我，他们对我挺满意的，但就是觉得我有点太机灵了。

059 问：机灵还不好吗？这也是毛病？

答：当时我也想不明白，后来女友说，因为我太机灵了，家里人怕我把她给甩了，以后我们俩走不到一块儿，我会另谋高就。

060 问：最后是这样吗？你甩了女友然后另谋高就？

答：女友我一直没有甩，现在她是我的妻子，我们小孩都已经快十一岁了，已经认识十七年了吧。但他们也说对了一点，我另谋高就——选择了自己创业。

061 问：那看来你这老岳父还是很有眼光的，把你看得差不多？

答：怎么说他也是改革开放第一批富起来的农民企业家之一，还是很有眼光的。不过当时的我还是头一次被这么大的老板在内心上给予肯定，心里呀就别提多自负了。

062 问：是什么让你和女友的关系能确定下来并走上婚礼的殿堂？

答：其实这个答案众说不一，更多的人说是因为我看上了女友的家庭，这个我不好解释，说不是也有更多的局外人不相信。其实在从海南回到她家的第二天中午，我就已经下了决心，知道这就是我要选择的将要伴随我未来生活的那个人。

063 问：我没有听明白，你怎么会突然在旅游回来后两天就决定这件事了，究竟发生了什么？

答：在桂林时我看上了一把大的折扇，半径有三尺长，上面是国画牡丹，我对女友说这把扇子我非常喜欢，它一定会给我们带来特别好的运气。

064 问：是这样吗？这对于你下决心娶你的女友有何关系？

答：她就同意我买下了这把大折扇，我一路上带着它又去了海南，后来又带着它回到了女友家乡。

065 问：这也没什么奇特的呀？

答：回来后我就把折扇打开摆在了她家大客厅沙发的后面，一片富贵吉祥的牡丹花展现在我的眼前。两小时后，本市东城区的负责人来到她家，说第二天上午十点左右要有领导来区里参观，还会专门看望一些改革先进代表，并到一些代表家里参观座谈！

066 问：还真来了好运气？

答：是的，就是我们旅游回来的第二天上午，领导们就来了，还有许多媒体朋友，他们坐在客厅的沙发上，和好友一家人聊起了改

革开放给大家带来的欣喜，气氛非常热烈，后边就是那盛开的牡丹折扇！

067 问：真的是一件大好的喜事儿！看来诚心是可以感动上天的！

答：不仅如此，领导们和女友七十岁的姥姥聊起改革给家里带来的变化，让大家深有同感。

068 问：这就是千里有缘来相会啊！

答：你说得太对了，我也没想到平日里不爱说话的女友，在领导跟前话怎么那么多，话题一个接着一个，没有任何拘束，领导们也很有耐心，大家交流的更起劲儿了！

069 问：真的吗？太棒了！有这样的领导，何愁大家没有动力呢？你就没有留个相片之类的做个纪念？难得见领导一回！

答：有啊！直到现在家里都留着这些珍贵的照片！

070 问：都让你说对了，不过这和你下决定有关系吗？

答：有关系呀，女友跟领导们谈起了我带的这把扇子会为我们带来好运气，结果领导们第二天就光临了，在场的大家都为之惊喜，都说我俩是一对诚心实意的有志青年，希望我们一定要好好珍惜。在那样的赞扬鼓励之下，我一横心就把这份姻缘定了！

071 问：嗯，看来婚姻真是天注定，真有缘份这么一说。开学后你就没去打工吗？

答：开学后我已经是大三了，女友大二，我们过了半年的大学浪漫生活，大街小·巷也逛了个差不多，日子还挺有滋有味，但后来我就又找了一份工作。

072 问：这份工作你干得一定不错吧？月工资也该涨了吧？

答：涨了，试用期工资每月600元，一个月转正后每月工资900元。那边的待遇还真不错，真是奇怪！

073 问：奇怪什么呀，重赏之下必有勇夫，说说进了什么大公司，怎么工资比前两个公司高出这么多啊？

答：是一家全国性的手机通信公司，设在省里的总部，主要负责向全省各个地市手机经销商批发手机。

074 问：噢，我听说那会儿手机品牌不多，好多卖手机的都赚了大钱！

答：是啊，那时最时髦的手机就是索尼、爱立信、摩托罗拉、西门子，我们是专业批发摩托罗拉手机的。反正我知道我的客户都很有钱。

075 问：那你在这家公司收获一定是更大了吧？

答：是的，收获非常地大，尤其是我亲自接触并交往到了更多的有钱的年轻老板，让我内心的触动非常巨大。

076 问：有什么触动呀，是想当老板吗？

答：当时可没有这种想法，因为当老板那对我来说简直是一件想都不敢想的事儿。但在那家公司里我接触到了贸易、差价、现金、暴利，这让我渐渐地萌生了经商的感觉。

077 问：能具体一些吗？你也是小江湖了，怎么会有如此巨大的感受？

答：好吧，我具体一些。刚开始试用期我在零售店里，半个月之内我没有任何开口讲话的资格，因为我太不懂这一行业。但半个月后我成了店里最会卖手机的人，这惊人的销售本事赢得了全体销售美女的认同和好感，总之她们说我到底是大学生，一学就会！

078 问：然后呢，这也算不了什么吧，至少你不会因为自己而感到震撼吧？

答：其实我当时真的已经很出色了，对自己有了一种真正的认识和肯定，并相信有些事只要自己出马，胜算极高！

079 问：那你一定有了不小的权力吧，说说官居何位？

答：其实在通信公司我没有正式的职务，所有的人都叫我小·袁，但就是这个小·小的小·袁，创造了本公司的许多神话……

080 问：那就说说你的神话吧。

答：其实神话是我自己认为的，别人可没有这么说，但我觉得是我的神话，每个人都有自己认为是神话的故事，尤其是谈恋爱时。我遇到的神话就是我头一次见到每天流水那么多钱的公司，少则现金十多万，最多的一次现金八十多万，而且我在公司的时候，几

乎每天都是这样。让我感到神奇的是我居然成为配合出纳收取现金的人，每天都要接触一大堆鲜活的现金，而且有时出纳还让我帮他重数现金，除了点钞机数钱外，必须人手要过钱两遍，因为有些假钱，机器查不出来，要靠手感。

081 问：等等，真的是那样吗？那不很危险吗？用卡多简单呀！

答：是呀，但那时卡很少用，当时每天都是用现金结账，我也不知道什么原因，反正我每天下午就去和出纳收钱，回来帮他点钱，一个月后我的右手大拇指肉皮也薄了，都快看不见指纹了……

082 问：有那么夸张吗？实话实说！

答：我告诉你，这是我到目前为止头一次遇上数钱数到大拇指抽筋的事儿。怎么样，够神话的吧？

083 问：可钱不是自己的，所以数的越多，就越觉得累？

答：也许是吧。有一次月底发工资八百元，我用手一捏一撮就数完了，心里好空啊，怎么这么少呀！

084 问：数惯大钱了呗，看不起这点儿小钱了。别忘了，那再多也是公司的，这再少也是自个儿的！

答：好了，不说这个了，我的又一个神话就是在我手中从来没有逃过假钱，公司销售人员和出纳几乎都收过假钱。出纳才惨，每月二三张，都得自己贴。而我呢小金手，从来没有收过一张假钱。怎么样，够神话吧！

085 问：看来你和钱是朋友，不是冤家呀。还有什么神话？

答：我是公司第一个可以打车报销的员工，公司第一个配带手机并且报销100元话费的员工，公司第一个在最短时间能去机场秘密接货的员工，还有公司第一个可以外地出差去收现金五万元以上的员工……

086 问：你有这么多第一，够神话的。老实说，多长时间取得诸项成绩？连我都觉得神奇了。

答：我在公司待了不到十个月，三个月后我就有此殊荣了。尤其在学校里我拿出手机时，真的有一种又虚荣又成功的感觉！

087 问：原来你也和许多人一样，爱慕虚荣且争强好胜，是吗？

答：那时还真是这样，确实有些张扬，喜形于色。年轻嘛，从来没有过事业成功的感觉，所以自己表现的成功形象不是很专业，请见谅。

088 问：哈哈，有意思，那你为什么要离开这家公司呢？你干得不错呀。

答：是啊，干得还真不

错，真舍不得离开那个让自己能时时风光的公司。虽然工资不高，但有面子，有些社会小·地位，还有一群美女同事围绕在身边。

089 问：离开一定有很重要的原因吧？

答：是啊，我被解雇了……

090 问：为什么呀，你不是干得相当出色吗？老总也很赏识你。

答：他们说我冒领了公司的一笔款，但一直找不到证据，进货方说给了两万元，但公司说未收到，后来又说给了我，但又没有收条和我的签字。总经理盘问我还吓唬我，说要报警，但我真的不知道这是怎么一回事，坚持自己清白，就是公安来了，我也是清白的……

091 问：噢，有这么严重的一件事，看来好人有时真的难做啊！你真的没拿吧？开玩笑！

答：你说就我那小·胆儿，两万块钱可不是小·数目，我敢吗？再多的钱如不是自己的，我绝对不会拿。这是我的尊严！

092 问：那后来呢，就这么算了？

答：后来是怎么回事，我就不完全知道了，但经理私下传达了让我离开公司的决定，是总经理批复的。我看她的眼神里充满了复杂的内容，也有些挺舍不得我走的意思，可是也没办法……

093 问：那没有报案吗，两万元可不少啊？

答：我也不知道，但没有任何其他人来问我此事，只是我走的时候，我特别委屈和冤枉。我问经理："你相信我是清白的吗？"她说："我相信你是清白的，但我也没有办法……你还是走吧！"

094 问：看来经理对你很好，在这个时候还能如此地相信你。她怎么这样相信你？

答：也许这就是命运中的一种缘分吧。是她从一百多名应聘者中看中并挑选了我，但凡来公司找麻烦的客户从此便由我全权接待处理并屡屡成功，经理不好收回的钱每次我都能及时要

回来，经理让去外地送货并收款没有出过事的也是我，在经理调动公司人员去行动时最听话最配合最主动的也是我……当然没有和经理吵过架的人也只有我。

095 问：怪不得经理会对你那么好，没有什么原因吗？经理一定是女的吧？
答：是的，经理是一位女士。

096 问：我说是吧，还有什么原因？快告诉我们。

答：最主要的是我特别珍惜这个工作机会，没有毕业就拥有了工资、手机、话费、打车报销的权力，我觉得很知足了，而且我很害怕失去这份工作。

097 问：是啊，让自己满意的工作真的很难找啊，可是你最担心的却终于发生了。好了，不用想它了，此处不留爷，自有留爷处，之后你又去了哪里？
答：我哪有那么狂傲啊，当时离开公司，我很落莫的，又很失落，因为马上就要大学毕业了，本来就打算毕业后在这里大展宏图的，可是我大学没有毕业就失业了……感叹啊，此处不留俺，何处能留俺？

098 问：没这么灰心丧气吧?现在的你也是见过大世面的人了，找个工作还不容易？那么多客户随便找一家不也行吗?

答：是啊，按道理可以这么讲，但当时的我还真的培养了一点小脾气，偏偏不愿意再干这一行了，免得见物思人，想起往事的不愉快。一句话，当创业时有了一点工作经历，这脾气也就随之长了不少啊!

099 问：可总得找个工作吧，现在可真要毕业了，总不能让家里人跟着操心吧?

答：又让你猜对了，真聪明!毕业在即，双方父母都很着急。我的父母急的是工作该怎么办，女友的父母急的是我毕业了，他们女儿该怎么办?

100 问：哈哈，真的是这样吗？有意思了。

答：是啊，我到那会儿才真正感悟到可怜天下父母心，谁的儿女谁心疼啊。这不是有意思，这是太有意思了……

101 问：那你是怎么处理这个问题的，如何能让双方父母都满意呢？

答：我哪有那么大本事啊，还是女友父母想得周全，告诉我毕业后来帮他们干，管吃管住还有高工资。

102 问：嗯，你这女友的父母挺厉害的，自己是一举两得啊，能说说工资多少吗？

答：你怎么老爱问工资，工资有那么重要吗？也太势利了吧。

103 问：那你可以像当年一样，一分钱不要去工作呀。钱不是万能的，但没有钱是万万不能的。

答：每月工资二千元，另外还升为家具城的经理，让我管理家具城的一切事务。

104 问：啊，怪不得呢，又加薪又升官的，你肯定同意了，是吧？

答：我能不同意吗，我又不是傻子！

105 问：看看，还说我势利呢，你才是言不由衷呢。不行，采访后请我吃饭，我得平衡一下。

答：好好好，我请我请，你也怪辛苦的，都陪我聊这么长时间了。助理，再拿瓶农夫山泉吧。

106 问：我这儿还有……咦，怎么没了，刚才还满满的。

答：我看你眼睛瞪得那么大，还一直不停地喝水。

107 问：主要是你让我有些太激动了，你看你多好，守株待兔，刚毕业就当了经理。怎么样，当经理的感觉一定很威风吧？

答：别提了，老板（也就是女友她爸）先给了我一个任务，让我独自去一趟四川成都，去那里的八一家具广场考察红木市场。

108 问：这不挺好的吗，让你独自去出差，吃喝等一切报销，这是美差呀？

答：什么美差，这是在考验我，还不让我坐飞机去，只能坐火车去，大夏天的三十多个小时，还买不到卧铺，只有硬座的票……

109 问：你不能提前先买上卧铺然后再走吗？

答：不行，老板命令必须当天出发。这下可惨了，我这是头一回去成都，火车上挤的全是人，整个车厢里什么气味都有，臭哄哄的⋯⋯我对面的旅客除了睡觉，就是吃，一会儿方便面，一会儿鸡蛋，一会儿香肠，一会儿啤酒，一会儿鸡腿⋯⋯

110 问：哈哈，这很正常，火车上人很多都这样，别太娇气啊。

答：也许有那么一点儿吧，当时我还真想不通，这老爷子平常挺大气的，这回轮上我怎么这么小气，商人，纯粹的商人⋯⋯

111 问：好了，已经上火车了，就别那么讲究了，路上风光如何？

答：除了人多，还是人多。我一个人还得看好包，虽然钱不多，千把块钱，但丢了我可就举目无亲了。

112 问：就没个美女和你聊天吗？

答：还美女呢，除了吃饭时我吃得饱饱的，其他时间我只能闭着眼睛忍受着。哪来这么多的人啊，像逃荒一样，每个人至少拿了四五个大包，也都是吃完了就睡。

113 问：你还别小看这些人，这可是真正的中国打工仔，诞生了好多未来的老板呢。

答：你说对了，不创业不知创业难，那会儿在手机店虽然也吃了一些苦，但也是大城市里的一些"城市苦"，一没事还经常打车，这回可真的让我见识到了真正能吃苦的创业者了。不过刚毕业见识浅，还请多多原谅！

114 问：是啊，幸福生活来之不易，衣来伸手饭来张口的我们在创业前哪能晓得父母的这份辛苦，就懂得编些故事要钱！任务完成的怎么样，老板满意吗？

答：下火车后我自己找的成都五块石附近的空军招待所，价格很便宜，也能洗澡，虽然是公用的，但我也挺知足。

115 问：为什么要住空军招待所呢，宾馆酒店不行吗？

答：看把你美的，还宾馆酒店呢，还想不想当经理了？这头一回出差就如此奢侈，以后谁敢让你出来呀。再说了，我不相信谁

也得相信部队呀，反正当时我觉得有空军这两字，心里特觉得有安全感！

116 问：看来你很珍惜这份工作和这个官位，花费不少心思，是吗？

答：是的，已经毕业了，我不想失业。再说老板看得起咱，也得表示些能力吧。另外让女友的老爸看不起会太伤男人自尊心……

117 问：有志气，好男儿就应该这样。怎么样，任务完成的很出色吧？

答：我在成都待了十几天，每天坐公交车去逛街熟悉，去了八一家具城好几遍，最后告诉老板情况后，他们就飞过来了。

118 问：到底是老板，效率就是不一样！他们来了以后住在哪里，也住你那儿吗？

答：是的，让我吃惊的是他们也住我那里，我说给他们另找个地方吧，老板说不用，只要干净卫生安全方便就行，还夸我找的这个地方不错，当时我心里别提有多美了，火车上吃的苦一下子全忘了。

119 问：看来老板对员工的一句鼓励确实能起到非凡的力量！所以当领导的可要多鼓励下属啊。他们对你的工作也满意吧？

答：反正老板和老总都很开心，边走边聊边逛家具市场。那会儿我对家具一窍不通，也不知他们说了些什么，也不敢随便开口说话，但我依然表现地像听懂的样子。

120 问：嗯，这就对了，不懂的就要谦虚学习，耐心聆听，只有这样，进步的才会更快一些。后来呢？

答：后来我又陪着老板逛了逛成都的天府广场、人民公园，就直奔机场准备出发返回。

121 问：看来搭上老板的飞机，自己的速度也快了很多，这回终于不用挤火车了，是要回去吗？

答：是啊，我定好了从成都双流机场到西安咸阳机场的机票。

122 问：怎么又去西安了，那里也要去考察市场吗？

答：反正没去逛市场，好像是领导们临时决定要去西安古城感受一下，于是我也跟领导沾光，就要去西安旅游一番，心里别提多美啦！

123 问：这也算是意外之喜吧？

答：当时我心里非常开心，但一直隐藏着心中的那份激动，我想当时领导们已经看出来了，但没有问我，我只是端茶送水，行动积极，似乎来表示自己也是有些旅途价值的。后来我才明白是领导集体考察我，而且似乎超出了工作的考察范围。

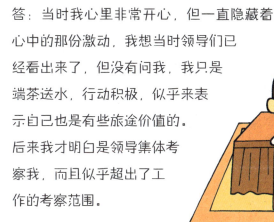

124 问：那肯定是啦，老丈人看女婿，鸡蛋里挑骨头很挑剔呀！再后来呢？

答：再后来就从西安买上软卧坐火车返回了，我虽然是硬卧，但也知足者长乐了。

125 问：看来还是有一定差别的，不管它。我们年轻人多看开些，尤其刚参加工作创业的人！当经理了没有，一定很威风吧？

答：当了，我心里非常自豪，还有些沾沾自喜，尤其是商场的人在大庭广众之下喊我经理的时候，我真是有一种春风得意的感觉，脸上烧得发烫，但还要保持一种为官的风度——头抬得很高，语气却很温和。

126 问：看来你是小鲤鱼跳龙门，飞黄腾达了！

答：起初我也有些飘飘然找不着北的感觉，但没过多久，这种感觉就彻底打消了。

127 问：为什么啊，把你撤了吗？

答：撤到没有，但有一天老板找我谈话，说是商场员工反映我有些眼高手低，只说空话不干活儿……

128 问：肯定是你得罪了员工，有人给你打小报告，穿小鞋！

答：我当时心里还挺委屈，我什么时候眼高手低看不起人来了，我心里、眼里、嘴里都挺忙活的，经常给他们开会教育他们。

129 问：那一定是误会你了，好好跟老板解释解释。

答：我解释了，还带着一点点情绪，我觉得大家在冤枉我，可是老板听完我所有的陈述后，补充了一句话："希望你能在关键时多帮他们抬抬货，搬搬家具。"

130 问：噢，我知道了，原来是告你不帮他们抬货搬家具，这当经理的还要亲自动手搬货吗？

答：是啊，当时我觉得更委屈了，我是来当经理的，不是来当搬运工的。再说，我原来公司的经理从来就不需要亲自动手干活，这些苦力都是员工来干，而且经理是搞管理的，是领导层，怎么会去搬货呢？

131 问：你这是自己想的还是你跟老板说的？

答：我跟老板一口气说了这么多，我还很理直气壮！

132 问：完了，你肯定形象大打折扣，敢和老板这样叫板，会让你很难堪的！

答：当时挺害怕的，但我就是非常冲动，而且情绪很激动，收也收不住，等说完后我已经知道犯大错了，但转念一想，大不了经理不当了呗！

133 问：老板什么反应，是不是破口大骂，把你训了半天？

答：没有骂我，也没有训我，但能看出来也很生气，但没有发作。最后老板告诉我，有时间多和员工相处并了解一下销售情况，帮他们抬抬家具，就当锻炼身体吧！

134 问：看来老板是碍于一种面子和关系才放你一马吧？

答：是啊，幸亏他没有骂我，还给了我个台阶下，看来这做官也不是件容易的事啊！

135 问：看得出来，你是个上进的员工，老板交给的任务一定完成的很好吧?

答：其实那哪是任务，那是在点化我，后来我和员工们关系相处得非常融洽，我也渐渐地融入了他们的工作和生活，让我了解了他们的酸甜苦辣和背后的许多辛苦的故事。我那时已经感到老板对我的某些栽培，用心良苦啊!

136 问：那你后来帮大家抬货搬家具吗？这个对大家有说服力!

答：刚开始的时候我连货物都搬不动，需要咬住牙憋住劲儿地坚持，但后来也习惯了，像二人沙发我一个人使劲一搬一提一背，就走了，和搬运工的架势一模一样。

137 问：看来真让老板说对了，真能锻炼身体。

答：原来和大伙儿一起搬东西劲儿特别大，累了都不想休息，尤其是抬卖出的货，头上的汗热气腾腾，可心里别提多美了……

59

138 问：为什么，有提成吗？

答：那是当然，边抬家具我们边心里算账，自个儿能提多少钱，于是劲儿就一股一股地上来了！

139 问：哈哈哈，看来生活中只要多加点钱，活力就能翻番啊。你终于又重新找到了一位员工的感觉，恭喜你！

答：那会儿生意特别好，每天特别忙，我带领着大家抬家具、送家具、组装家具、修家具、换家具，整天忙得不亦乐乎，再也没有人能看出来我是刚毕业的大学生了，当然也不像经理了。

140 问：哈哈哈，看来你是找创业着感觉了，又成长了许多，你这不像大学生也不像经理的，到底像什么？

答：像卖家具的……

141 问：唉呀，干什么像什么，在其位谋其政啊！进步太大了！来，你也来一瓶农夫山泉，能说说在那儿还有什么让你难以忘怀的经历吗？

答：那就是和老板一起去进货，我永生难忘！

142 问: 不就是去进货吗, 看好货直接让厂家运过来, 一结账不就OK了吗, 有什么难忘的?

答: 是啊, 要是现在可就不值得一提了, 但那是1999年和2000年, 那会儿还没有大的物流公司和送货公司, 情况完全不同。

143 问: 有什么不同的, 给大家说说。

答: 首先去进货的时间一般都在凌晨一点钟, 越是冬天越是家具的旺季, 所以去进货的次数就越多, 而只有赶上了那时刻的火车我们才能七小时后到达河南郑州。

144 问: 为什么非要大晚上一点去赶火车呢, 白天不能吗?

答: 没办法, 我们只有赶这趟火车才能把后面的时间安排好。你听我说, 早上八点后到了郑州火车站, 立刻赶早吃饭, 每人一碗加洲牛肉面和一杯牛奶。

145 问：待遇还不错！

答：然后打车去郑州最大的家具批发市场，当时的中博家具大市场。

146 问：这也不辛苦呀，吃饱喝足去干活，这不挺美的吗？

答：然后我们开始看货，主要是看老公司和新公司都有没有新货，马不停蹄、急步如飞地先全部浏览一遍，在最短的时间内看好货问好价，再到下一家。

147 问：这不挺简单的吗，也没什么呀？

答：就这样走遍所有的高中低档家具城，已经是中午十二点了。

148 问：该开始吃饭了，中午可得吃好了。

答：我也以为进货是件美差呢！出来吃吃喝喝玩玩，一进上货就回去了，多美呀！可没想到的是中午根本不吃饭，要重新回到早上已经看好的家具摊上去讨价还价，最后敲定进货意向。

149 问：怎么这么啰嗦呢，一次性谈好不就妥了吗，免得这样麻烦，折腾人！

答：看，不懂了吧，旁观者迷，当局者清，那会儿的市场也只有如此这样的离开三个小时后再返回去谈，才能拿到最低的进货

价，这叫欲擒故纵，明白吗？而且你提前定了货到后来再发现更好的款式怎么办，几千家家具的货呢，能忙得过来吗！

150 问：嗯，是这个道理，看来事实胜于雄辩，这商业中的潜规则只有当局者最清楚。

答：等把要定货的所有摊位走完，已经快到下午四点钟了，那时的我已经饿得头晕眼花，相当于从早上一直走到下午，七八个小时不休息，腿是酸的，脚是麻的，真是受罪呀！最恐怖的是记不住或忘记了上午看好货的摊位点，一遍又一遍地去找，才是狼狈不堪呢！

151 问：原来进货这么辛苦呀，可真的没有想到，你们不能固定几家公司的货不就轻松了吗？何必到处乱窜呢？

答：我们的家具为什么卖得那么好，那么快，就是因为我们选的全是新款式，而且是从几千家摊位上精挑细选出来的，所以你只要一星期不去家具城卖场，一半的款式都能换成新款，这叫百货卖百人，只是选货辛苦了一些！

152 问：真没有想到做商业有这么多门道，我还以为一货卖百人，那多省心啊！

答：没办法，市场竞争很激烈，而且要学会主动为顾客着想。

153 问：到了四点的时候，货也订好了，也该吃饭了吧？

答：没有，忙的时候才到，在此期间已找好了十二米的大货运车，我坐在车里抱着一个大提包，里面装的全是现金，每次有二十万左右吧。开始把车门锁好只摇下半块车窗玻璃，让采购员把不断送到车周围的货物验收好，再一个一个向货主付钱！

154 问：有这么麻烦吗，那多危险，不能刷卡吗？

答：那时候刷卡还不流行呢，而且走现货的市场全部是现金结账，所以光天化日之下手里握着几十万现金，还不断地数来数去，真够吓人的。每次进货结款时我都看着周围的动静，总感觉有坏人在盯着我手里的钱！

155 问：真够让人心悬的，既要留心被贼盯上，还得做到货款一清二楚，你就没有出过错吗？

答：报告领导，你还真别说，我一次抢匪也没遇上，一次款也没有付错过，主要是因为我有这个功夫，别忘了在通信公司日进几十万我数钱的功夫可是第一啊！如今在这儿发挥了作用，所以说这行家伸伸手，便知有没有，这真才实学在关键时候就体现出价值啦！

156 问：咦，也真是这样，看来这数钱的功夫还是需要多练一练，可我到哪儿找那么多现金呢，要不数你的练练？

答：好啊，可现在谁还带现金呢，现金进货是那个时代的产物，现在是卡咯！

157 问：那总要吃饭吧，人是铁饭是钢，一天不吃饭可不行啊！

答：饭是要吃的，但不是那会儿，等装完了车已经是晚上七点左右了，然后大家上车，老板躺在后排睡觉，我和采购陪着司机边聊天就边出发了……

158 问：你的老板也没有吃饭吗？他也那么辛苦？不可思议，我以为老板是很风光的！

答：我头一回和老板去进货的时候，我真的没有想到我女友的父亲也就是我的老板平常一

副高贵不可一世的尊容，衣来伸手饭来张口的千万大老板，没想到背后是如此的吃苦耐劳，任劳任怨，行动迅速，做事果断，杀价无常，这让我真正目睹了中国民营企业家的风格，所以我也一直忍着饥饿，竭尽全力地展现着自己的能量，争取不给老板拉后腿！

159 问：是啊，你这么一说，我也对你的这位老板油然而生敬意，这是伟大的中国民营企业家的创业精神，质朴而又坚强！

答：货车一路前行，在晚上十点左右，车停了，老板一声令下吃饭，于是我们全体人员下了车，我被安排去检查一下货物情况，看有无绳子脱扣的地方或掉家具的情况，司机检查完轮胎和缆绳，觉得安全后我和他进了旁边的小饭店。

160 问：这深更半夜的到哪儿啦，一定饿坏了吧？

答：我问司机说是到河南焦作了，待会儿吃了饭要穿越蜿蜒的太行山，路途遥远又道路狭窄，所以上山之前常在此停车检查车况和货况，正好吃个晚饭……

161 问：那为什么非要等到夜晚才上山呢，白天拉货不是更安全吗？

答：开始我也是这么想的，但后来才知道装货的车最好不要隔夜休息，这样人货都不安全，而且人员休息会额外增加更多的成本和开销，另外白天拉

上大货车，路上诸多不方便，经常被沿途的人员检查……

162 问：看来这做生意的不仅要处处节约成本，而且时刻要注意人员货物的安全啊，可怜天下创业人啊！那路上可以在车上休息一会儿吧，折腾了一整天了，也够累的吧？

答：本来我也想迷糊一会儿，休息一下子，但老板告诉我待会儿千万不敢睡着了，陪着司机聊会儿天，帮着司机看清前方的道路，尤其是时刻提醒司机不能迷糊睡觉。这样我就一点儿也不敢睡了，和采购一起睁大眼睛，一路上观察着司机同志的眼神，就害怕他睡着

了，最后老板也醒来了，和我们一起聊天，陪我们说话……

163 问：真是一支有难同当的团队，让人感到敬佩。是几点回到商场的，一定很晚了吧？

答：是凌晨一点钟到商场门口的，等货车停在商场门口时，我简直惊呆了……

164 问：发生什么事了，让你这么紧张，不是商场被盗了吧？

答：不是，是整个商场门前站满了前来接货的员工，我仔细一看，原来所有的装卸工和销售女生全部都在，都没有休息呀！

165 问：啊，怎么所有人都来了，明天不上班吗？

答：我也不知道为什么都来，但当时疲惫的我立刻振作起来，眼睛亮了许多，从车上下来的时候，大家问寒问暖，还准备好了热水，别提多热情了。我当时才明白原来"王者归来"是这样的一种感觉……

166 问：什么感觉，快说呀？

答：功劳的感觉，收获的感觉，奉献的感觉，被别人瞩目的感觉……

167 问：好了，别臭美了，快点卸货吧。

答：我就不用卸货了，终于老板跟我说了一句，喝些水，好好休息一下，我当时激动的眼泪都快出来了。

168 问：嗯，是该好好休息一下了，那么多货先让他们去干会儿？

答：领导的关心是伟大的，就这么一句话，我顿时浑身充满了力量，激动地说了一句"我不累"，而当时的我真的连站都站不稳了，身体直打晃……

169 问：你真行，体质不错嘛！不过也不能强挺着。

答：这是我头一次跟老板出去进货，一路上充满了紧张和疲劳，可脑袋还时刻清醒，否则随身装的几十万现金在火车上、在饭店、在摊位上，在任何一个地方出了事儿，可是不得了的。

170 问：是呀，你们这哪里是去进货，就跟押运国宝玉玺似的，充满紧张刺激和恐惧，有时真让人不理解。

答：不理解的事多了，我也不理解呀，但当时大家全力以赴，通宵达旦地工作，真的让我大开眼界。因为不论男女干活都是那样的奋勇争先，大家说说笑笑的就把所有的货卸了下来，一部分搬进商场库房，而更大的一部分需要连夜全部拆开组装成型，所有的销售女士不仅要设计好最好的布展位置和感观效果，同时还要连夜协助组装工把所有的家具都要抬放到位……

171 问：这太辛苦了吧，第二天不能干吗，还能睡觉休息吗？

答：睡觉？休息？等货物卸下来搬进商场已经是凌晨三点多了，而等把展位设计好，新家具摆放好位置后已经是凌晨五点多了。所有的人在商场里眯了不到两个小时，就开始简单洗漱一下，去外面的小店里叫上早饭，因为早上八点要签到正式上班了。

172 问：这是什么员工呀，怎么干起活来不要命了，精神头这么大！

答：我当时也没有多想，就和他们一样完成任务，不影响第二天开门正常营业就万事大吉。

173 问：这就是中国农村市场上诞生的一批创业者，从他们的身上，到处闪耀着中国农民勤劳善良任劳任怨的劳动精神，有这样的员工何愁中国的民营经济不大不强呢！

答：就是从那次进货以后，我就变得和他们更亲近了，也开始经常帮忙抬卸货物，渐渐地也就变成了前面说的我，不像大学生，也不像经理，而是像一个卖家具的商贩了⋯⋯

174 问：是啊，物竞天择，适者生存，你终于找到了自己的位置，开始绽放自己的创业价值。在那里为老板挣了不少钱吧，也为自己挣了不少吧？

答：其实我那会儿还没有那么大的个人价值，老板不需要我也照样能赚很多钱，所以谈不上我能为老板赚钱，倒是老板为我提供了这个平台，让我学习到了更多的创业知识和商业门道，当然我也赚了一部分钱，可也花了不少⋯⋯

175 问：是啊，创业之初最重要的就是我们不断积累的创业经验和社会财富，这远比我们的薪金待遇要重要得多，当然有了高薪那就更好了！

答：为了报答老板的信任，当然也为了获得更多的荣誉和价值，我几乎每次进货都要主动积极地争取。当时有两位销售女经理也以为出差进货一定是美差，和我当初想的差不多，肯定是吃吃喝喝玩玩，然后把钱一交就坐货车回来了，说什么也想和我们去进货体验一下……

176 问：你们每次进货那么辛苦就不告诉他们吗？

答：反正我是没有和她们说过，可能其他人也没有和她们说。一方面是大男人和女人说那些自己吃苦受累的事会让女人笑话，另外不告诉她们也能让别人感觉到出差是件肥差，轮不上她们，我们还能显摆一下虚荣心……

177 问：看来你们这些男人也挺坏的，有机会就骗女士吗？

答：不是我们坏，是你说了她们也不相信，因为跟着老板，平日里老板养尊处优吃香喝辣的，这出门在外还不得吃好穿暖呀！所以越抹越黑，还是让她们自己亲自感受一下，这样有说服力！

178 问：她们去了吗，
结果怎么样？

答：去了，在她们的强
烈要求下，老板带着她
们走了一遭。

179 问：哈哈，真的去了，快说说结果怎么样？

答：结果……结果是两位女经理跑得鞋跟儿也丢了，头发也乱了，风度也全没
了，饿了个半死就回来了，以后再也不去了，老板叫都不去，说是不敢去了……

180 问：有那么惨吗？真笑死人了，是你们故意整人家吧？

答：反正以后我们怎么叫她们也不去了，不过每次回来的晚上她们总能给准备
好热水和热汤……

181 问：看来这创
业也不全是辛苦，中
间的乐趣也不少吗？

答：只要大家团结，
即使工作辛苦一些，
但开心逗乐的事儿可
真不少，说起来还让
人久久回味！

182 问：看来你在家具城收获多多啊，在那儿待了很长时间吗？

答：有一年多吧，那时生意非常好，每天都沉浸在快乐的卖货当中，想法也是那样的单纯……

183 问：我听说后来老板还经营了一家金店，专门让你去做副总，全权负责金店的所有事务，是这样的吗？

答：连这些你也知道，你很敬业啊！

184 问：你先不要夸我，今天你是主角，先说说你的故事吧。

答：老板后来确实开了一家金店，是本市的第一家私人金店，不过手续全部办下来之后不久就转给别人经营了……

185 问：啊，不是吧，听说那会儿的经营资质很难办下来的，利润很高，怎么就转给他人啦？

答：据后来女友跟我说，主要原因是我造成的，但我一直不这样认为。

186 问：那到底是怎么回事，总得有个说法吧，你不是副总吗？

答：这得从头说起，有一天老板告诉我，要开一个金店，手续已正式批下来了，并希望我去金店负责筹划准备这件事，而给我的条件是金店副总经理，月薪3000元，年底送个三万元红包！

187 问：这不是挺好吗？创业之初，刚毕业才一年就能荣升副总级别，而且待遇又那么好！唉呀，功夫不负有心人，终于有了出头的日子，经理当的不像还当成副总了，值得庆贺！你可要抓住这次良机，一定不要辜负老板对你的信任啊！

答：谈起信任，你真说得太对了，以前我认为信任是个非常轻而易举的词，因为我特别信任朋友，信任同事，所以也让我赢得了更多人的信任，而且只要良心和思想上没有问题，肯定会得到大家的信任！

188 问：是啊，你说的很有道理，要想获得别人对自己的信任，首先我们要信任别人，这没什么问题呀？

答：但是，有一天我彻底地痛苦地还很委屈地明白了，原来你信任别人不一定会让别人信任你。

189 问：为什么呀，这好像不合乎公平吧，那一定是你遇错人了，交上不该交往的人？

答：其实当时我也觉得很不公平，而且觉得非常不公平，但结果是你想让别人信任你，不是你首先信任他，而是你有足够可以让他信任的条件和资本，然后他才会信任你……而且被别人信任不等于别人会信任你的全部，也许只是你的某些部分值得别人信任，而其他部分不值得或没有引起别人足够的信任！

190 问：乖乖，我怎么越听越糊涂，什么信任不信任，信你的部分不信你的全部……什么乱七八糟的，有这么复杂吗？

答：其实真的很简单，但当时的我真的想不通，觉得它很复杂，后来我终于明白了，作为一位创业者，你肯定相信自己的老板，但这种信任是模糊的、宏观的，不去深究的……而老板对你的信任可是具体的、清晰的、微观的，是要做分析的……所以说要想受到老板的信任，必须非常清楚你哪些方面值得老板信任，比如说营销能力、领导能力、市场分析能力……

191 问：唉呀呀，原来是这么回事啊，真是太复杂了，太势利啦！那你说说你哪些方面受到了老板的信任？

答：当然作为一名普通的员工所具有的能力我基本是有的，吃苦耐劳、察颜观色、任劳任怨、忠诚团结、思想单纯……

192 问：可你是经理啊，总要有些经理的能力呀，这回要是去当副总，那更得有些能力才行吧？

答：你说的这些话和当年老板对我说的那些话差不多，因为金店筹备的事让我准备了将近两个月，但一直没有多大成效，而当时的我还沉浸在一种得意的状态中，我为此经常出去见了不少金店的老板，了解了关于金店的一些事情，当然也花了不少路费和招待费。

193 问：那钱也花了，腿也跑了，那怎么就成效不大呢？

答：当时我也不以为然，把情况和老板一说，名片一放，就感觉完成任务了，直到有一天老板问了我刚才那句话，我才无言以对，似有反省，因为老板也真的很生气……

194 问：是呀，你花了老板的钱，事又没办成，金店又没开，老板能不生气吗？

答：老板生气了，但我当时还觉得委屈呢，好啊，我天天出去给你们跑腿找人，没想到会是这种下场，而且我当时说了一句话，终于把事闹大了……

195 问：什么话有那么大威力？

答：我生气地对老板说："还是因为你们不信任我"！

196 问：你怎么会那样说老板呢？

答：唉，这是年轻创业者走出校门最容易说的一句话，当然我也不例外，一激动就简单地说出了这句话……

197 问：那老板一定会很生气吧，刚提拔你升了副总？

答：老板当时非常生气，随后反问了一句"你有什么值得我信任的，还当副总呢！"

198 问：看来老板是让你兑现你的能力，具体你的信任部分，这都是让你给逼出来的吧，普通人老板早就开除了……

答：这个我不好回答，但老板的问话当时让我无言以对，我傻了一会儿，然后挥泪离开了办公室。

199 问：年轻人火气旺，过上一会儿给老板认个错也就没什么事啦，还是工作重要嘛，擦干眼泪继续干活吧！

答：直到那天起，我沉默了很多，我不断地在反省老板对我说的话，是啊，我凭什么值得老板信任呢，凭什么呢！

200 问：唉，唉唉，你醒醒，这是在现场，不是在过去，你要随时保持清醒状态。

答：是啊，我当时也很清醒，而且在创业阶段里那是我最清醒的时刻，因为我头一回开始反省自己，凭什么才能让老板信任，让老板信任我会当好这个副总呢？

201 问：那你那么认真地思考，一定是想出答案来了吧，快告诉我们啊？

答：想出来了，那就是"一无所有"。

202 问：什么，一无所有，怎么会呢？不会的，不会的，你这是自暴自弃，不可能，一点儿也不可能！

答：你听我解释，我思前想后，不断推理，终于得出这一答案，我其实在商业管理上就是"一无所有"。虽然我有创业的经历，也积累了一些创业经验，但我真的没有系统地学习钻研过管理层的职责和要求，对于经理和副总只是名义上的认识和理解，我得到的太容易，以至于丢失并忘记了他们的出处……

203 问：话可以这样讲，但每个领导者都是实践者，没有经验如何能做到管理层？

答：是的，作为一名管理者没有实战经验，那在商业领域是纸上谈兵，但我提前拥有了这样的职务，却没有这个职务的全部能量，所以在真正发挥我领导才能的时候，我才真正是一个一无所有的管理者。因为我无能，所以新项目无法正常筹备启动，而不是因为我有了头衔，我就拥有了与这个头衔相匹配的商业能力！

204 问：看来你是彻底反省了，否则不会有如此的真实感受，这也许就是我们创业者将来要遇到的考验吧，那不能将功补过吗？

答：我也想将功补过，从头再来，但事实是我真的不知道这个新的商业项目从何下手，我真的感到了自己力量的一种渺小，一种内心力量的无助和无奈！

205 问：那你可以请教老板呀，他一定会帮你的，谦虚一点嘛！

答：是啊，也不知道是什么原因让我一直守着心中的那份矜持，是自卑、是虚伪、是害怕、是自满？说不清，反正一直没有和老板正视这种无能为力，可能是相信自己会有那么一天一觉醒来后就变得神通广大、游刃有余吧！

206 问：那怎么办啊？这是责任呀，这项目让你负责，也不能总拖着吧，时间可就是金钱，成效就是信誉啊！

答：是啊，就是因为有那份责任感，才让我越来越清楚自己的个人能力，也正是因为想坚守一种信誉和信任，我越来越觉得力不从心，无所适从……终于有一天，我沉痛地告诉老板，我辞职不干了！

207 问：什么？辞职不干？你疯了吗？这么好的工作你不要了，这么优厚的待遇上哪去找啊？你也太容易冲动了，大不了还做商场经理也挺好呀？

答：反正我当时辞职不干确实让老板够为难的，因为毕竟我是他女儿的男友，而且我们俩关系一直很好，我这一走，商场和金店这儿起码少了一个得力帮手，至于其他价值，只有老板才知道！

208 问：你这个决定太突然了，作为创业者，不会的我们可以去学，但绝不能随随便便就给老板难堪，炒老板鱿鱼！我看你还有其他原因，一定是找上待遇更高的地方了。

答：你真是高看我了，像我这样水平的创业者，摆在眼前的金店副总都无能为力，还能一下子找到其他更好的创业平台吗？说实话，要不是女友那层关系还不见得我会升迁得这么快呢！

209 问：可你也是很有能力的呀？

答：有倒是有，但直到运营金店，我才醒悟那只是一些雕虫小技，在员工中间摆弄一下玩玩也就罢了，遇上真格的，还是一头雾水，事实不是证明了嘛！人呀，贵在有自知之明，我知道因为我是未来的女婿，老板才这样照顾提拔我！可我是豆腐一块，一提两半，唉，能力有限呀！

210 问：那你也不能全盘否定自己呀？在通信公司、在家具城你干得都好啊，别自己瞧不起自己！

答：其实我也觉得有时自己是很优秀的，想当年在通信公司，在家具城都干得比较出色，我一直以来觉得自己很有能力，但后来因为金店的事我一直反省自己，才终于发现其中的秘密！

红日金店

红日

211 问：秘密，什么秘密？能告诉我吗，是赚钱的秘密吗？

答：我发现你特别聪明，我发现的就是赚钱的秘密！

212 问：那快告诉我呀？我也想知道赚钱的秘密？

答：我发现我之所以在通信公司和家具城自我感觉良好，而且深受老板重用，最关键的是这两个平台赚钱都很容易，因为它们的市场特别好，老板从来没有因为赚钱发过愁，愁的只是如何把赚到的钱全部收回来和如何不断地补充已经空空的库房……

213 问：啊，这就是秘密呀？那和我们有什么关系呢？

答：当然有了，老板不为赚钱而发愁，我们做员工的不会为赚钱而大伤脑筋，所以当我们的成功是建立在别人成功的基础上时，我们只是相当于幸运地登上了一艘装满财富的大船，只需搬一搬挪一挪就会得到优厚的待遇，你能说这是我们的能力很强吗？

214 问：说的有些道理，但我还是觉得心里有些不舒服的感觉。

答：当然不会太舒服了，任何一个自

觉有才华有能力的人是不轻意否认自己的优点的，更何况我们还挣到了沉甸甸的银子，可是当老板不让我们当搬运工而改为帮他做财富的投资者和管理者时，我们才真正感到了自己能力的微不足道。

215 问：那当然了，老板现在要的是管理企业经营项目的领导人才，不仅仅是一些只能出卖简单脑力和辛苦体力的忠实创业者，要求当然要高一些了。

答：所以我就应该辞职啊！名不符实，实事求是呀！

216 问：这次我是理解你了，主要我是舍不得你的那份高薪和优厚待遇，太可惜啦！

答：你舍不得我可以介绍你去呀。

217 问：我是开玩笑的，你不要当真。说心里话嘛，当然要实话实说啦。好了，不提这个了。那你怎么办呢，真的要离开那块沃土吗？

答：其实我很舍不得离开

那里，但作为创业者最怕的不是吃苦受累，而是受到别人对自己能力的怀疑和否定，尤其是对我自尊的挑战，更是受不了。于是乎，突然之间我有了一种气魄，那就是……

218 问：又开始了，别激动慢慢说。

答：那就是"是可忍，孰不可忍"！

219 问：没听懂，自己人，说明白点儿。

答：我要自己去干，不要他们帮忙。我伤自尊了，我……好歹也是个大学生吧！

220 问：得，吃亏了吧，"天堂有路你不走，独立创业你来投！"唉，冲动是魔鬼呀！我就不知道，创业者的自尊心怎么就那么脆弱呢！说吧，接下来该怎么办？

答：该怎么办？对于年轻的创业者来说，当你无助的时候第一个去的地方就是人才市场。

人才市场

221 问：啊？去人才市场？

答：对呀，我不去人才市场我去哪儿呀？别忘了，本人已经光荣辞职了，失业啦！

222 问：得，少来寒碜自己，这都是你自找的，后悔了吧，还可以回去呀，跟老板说一说，他肯定还会收留你的。

答：我后悔了，但绝不回去，让老板再次收留我，何时我才能有出头之日？我要创造我的价值，夺回我的尊严。

223 问：好好好，那你找到工作了吗？难道你这回运气还是那么好？

答：没有，不着急，先观察观察，来人才市场热热身，感受一下人才竞争的气氛！

224 问：又来了，落泊的失业者还牛什么牛，我看你能找到哪个高薪工作？

答：唉，别看不起失业者，虽然失业但并不落莫，即使落莫也有自尊！

225 问：现实些吧，有自尊也得吃饭吧，不能吃老本，坐吃山空吧，总有一天要一无所有！

答：离别了曾经当过家具城经理的地方，我又回到了阔别已久的省城，身上揣着攒下的5000元钱，开始了自己新的创业生活，心中充满了希望和恐惧！

226 问：怪不得不着急了呢，有钱了，腰粗了，说话口气都不一样！快说吧，到底找了份什么样的美差？

答：谈不上美差，新的工作就是去做保险。

227 问：什么，去卖保险？你疯得不轻呀，你怎么看上了保险公司，他们给你月薪多少你这么快就决定了？

答：不是我看上了保险公司，是保险公司的一个经理看上了我。至于月薪吗？无底薪，从零开始，上不封顶，多劳多得！

228 问：那是话术，什么无底薪、上不封顶，连这你也信！还是老队员呢，没眼光！

答：咦，你怎么知道这是话术呢，像这么专业的词我当时还是头一回听说，难道你也去过保险公司做过业务员？

229 问：你不用管，那是我的事儿。我是问你，你这么多单位公司不去，为什么偏偏选择了难出业绩的保险公司？

答：你怎么知道难出业绩？经理给我上了一堂课叫《十万年薪不是梦》，十万啊，我能不动心吗？

230 问：看来在金钱面前每个人都会发晕，仅仅一个概念数字就赢得了你的信赖，真是想钱想疯了。你那个经理一定是个高手，让你放弃了那么优厚的待遇却来做无底薪的工作，真是有才！

答：唉，请你别说我的经理，就是因为他，我才敢叫日月换新天；就是因为他，才让我真正成就了自己的梦想，赢得了更多人对我的尊重；也就是因为他，我才顿悟，从此走上了一条自强不息的创业大道！

231 问：不就是一个保险公司的经理吗，能让你如此感激，这其中一定有很多原因吧？

答：是的，说起我的老师，还真是很怀念和他相处的那段日子我也没有想到我会因他而发生巨变，从此变得与众不同！

232 问：你怎么称呼他老师？他到底教给你什么发财致富的秘笈，让你如此地崇拜尊敬他？他真有那么厉害吗？

答：说来话长，还是不说为好。

233 问：没关系，我不嫌话长，只要是创业秘笈，能让我多多赚钱，我一定洗耳恭听！

答：那得从去他公司说起。收到老师助理的电话后，我感觉应该去见见他。

234 问：一个电话就能让你神魂颠倒，迷失方向，一定是个女助理的电话吧？

答：确实是一个女助理的电话，而且她长得非常高雅漂亮有气质！

235 问：看看，让我猜对了吧，就知道你经不起美女的诱惑！

答：因为我头一次听说当经理的还有助理，让我充满好奇。另外她说话非常具有感染力，很有礼貌，并且告诉我他的老板（也就是经理）非常想见我，而她的经理是台湾人……

236 问：这听起来没有什么特别的呀，不就是经理是台湾人吗！

答：当然你听不出感觉来，电话不是打给你的……最关键的是我从来没有遇上老板主动打电话要见我的，而且还让我来确定时间，并且还夸我非常优秀很有理想抱负。

237 问：这是话术，先赞美你，然后让你跟他们做保险！

答：是话术，更是专业流程。直到后来我拜师学艺后方才知道，当年女助理对我运用的是电话营销，通过寒暄赞美等心灵对话，让我感到一丝暖意和温存，再通过个人的价值塑造将我和老板的价值进行烘托，并用欲擒故纵的礼貌语言让我来选择时间和地点，而且不见不散，她在大门口的寒风中等我……

238 问：所以说让你防不胜防就进了保险公司，替他们卖保险！

答：反正我是备感关怀非常激动，就好像冬日的严寒里脸上吹来的一股暖风，让人热呼呼的，而且人家还在大门口等我，冷嗖嗖的，多不好意思。于是我定好了时间去他们公司见这位老师。

239 问：见了面你就失望了，因为迟早他们会和你谈保险的，看吧，好戏在等着你呢！

答：那是2000年春天的一个早晨，是三月份吧，北

方的天气还很冷，我按他们指定的路线打了一辆出租车，很快就到了他们公司大门口，果然在寒风中一位漂亮的穿着深蓝色职业装的女士在门口等着，我下车她就立刻认出了我，并喊出我的名字："袁海军，我在这儿！"

十万年薪不是梦！

240 问：啊，不是吧，她怎么知道你的名字，也太神了吧？

答：我当时也很吃惊，立刻答应了一声就赶过去，但我心里想，我只是见过她一面只签了个名留了个传呼号，怎么就记住我了呢！

241 问：所以说我就不相信这是真的，她能叫出你的名字？

答：后来我才相信只要是专业的营销人员别说记你的名字，连你的生日、血型都记得一清二楚！这就是外行看内行，越看越迷茫！当时我就迷茫了……

242 问：我看你是看见美女就迷茫了，瞧吧，好戏即将开始了！

答：我跟着女助理上了公司的楼，她还问我冷不冷，这些天多穿一些衣服，我当时又是一阵感动。在她通报之后，我终于见到了那天人才市场上大客户室里的那个很忙的人，也就是我日后的老师。见面之后他很自在地和我拉长道短，说东说西，让我感到非常轻松自然，当然我也在兴奋之余告诉了我的创业经历，尤其是我曾经的优厚待遇、职务和学历。

243 问：怎么样，什么叫高手，让你在不知不觉中就暴露了自己的历程，而且你还乐此不疲。你没说你当过金店的副总吗？让他们见识一下你的身份可不低呀！

答：往脸上贴金的事每个创业者都会干，这可能是寻找一种地位平衡吧！

244 问：经理什么反应，肯定是对你很欣赏吧？

答：反正他看着我，不住地点头，而且非常有耐心，有时还看着我深思一会儿……

245 问：他肯定是在想如何对付你，把你拉进保险公司做保险，你也算是一条大鱼？

答：他怎么想我真的不知道，但能在他跟前让我打开话匣子说个没完没了，

并能表达自己的愿望和态度，这是我今生第二次（对女生表白是第一次）。一个与我素不相识的人我怎么会如此地相信他，说出了自己多年来藏在心底的好多抱怨和感想！

答：之后老师告诉我，如果我第二天有时间，他会帮我做一个生涯规划，测试我的潜能……

247 问：他会做生涯规划测试吗？看来你遇上了一位真正的高手呀！

答：你做过吗？

248 问：我没有做过，但我听说世界上很多成功人士在创业之初都曾做过生涯规划的测试，并且有的人每年都做。

答：当时我真的傻了，因为我从来没有听过生涯规划是干什么的，潜能是个什么东西，从来没有学习过。于是我似懂非懂地点了点头，跟老师说我看时间吧，然后就出来了。

249 问：你真是太虚伪了，太不珍惜了，做一个生涯规划免费还不干！外面花很多钱呢，还说看时间吧，装吧！

答：可我当时真的不知道它的价值所在，再说这表示我也是有思想有定性的人，不是你随便说叫就到的人，当然我第二天如约到场。

250问：漂亮的女助理没有送你出门吗？好接好送吗？

答：送了，她把我送到了接我的那个门口外，一直目视我走了很远，当我走出很远回头时还能看见她站在那里向我招手，我心中充满了感激和力量！

251问：这么专业的女助理上哪儿去找啊，真是强将手下无弱兵！不为别的，就是凭助理的热情也要再来此地重温一遭。生涯规划测试对你有用吗？都测试什么来着？

答：那天我们是在一种自然放松状态下做的测试，四周非常安静，在耳旁萦绕的是鸟语花香森林大海的音乐，有阳光、有小草、有海风、有小溪，就这样我们在这种自然音乐的陪伴下，写完了生涯规划问卷，之后是长长的一段休息，安静地深思！

252 问：怎么这么安静，你在深思什么？

答：我当时特别的安静，因为在生涯规划测试中我第一次面对了死亡的到来，父母的离别，绝症的困扰，收入的对比，失败的痛苦……

253 问：真的有那么神奇吗？从此以后你就彻底改变了吗？

答：当时对我来说真的很神奇，而且也很有效。从那以后我真的开始活得不糊里糊涂了……

254 问：难道你过去活得不清不楚？

答：至少我过去活着不知道是为了什么活着，工作创业是为了什么而工作创业，我活着的意义是什么。从那天起我开始了自己人生的长远准备……

255 问：看来你是做定保险了，你的老师太厉害了，这么短时间就牢牢掌控了你的思想。

答：你说的顺序颠倒了，是因为老师太厉害了，我才决定做的保险，因为要想跟老师学习，只能通过跟他做保险这条

捷径。当时我真的是眼前一亮，豁然开朗。因为我事业无成的最主要原因是缺乏一位名师的言传身教和谆谆教导！

256 问：于是你就拜他为师跟他做了保险，你不怕这是江湖骗子吗？还是小心为好。

答：有道理，这万一让人给骗了，可就麻烦大了。像你担心的一样，我也是有些担心，一方面我表示了自己不想做保险，但想跟老师学习的想法，当然我问的是助理，观察她的一举一动；另一方面我对这家公司从总部到分公司再到区公司进行了详细的调查。

257 问：结果怎么样，是不是骗子公司？

答：反正不像，女助理告诉我，老师是台湾营销界的高手，是保险公司深圳总部请来的营销总监，做营销讲师快三十多年了，现在是暂居省城，一两年后可能要走，所以希望我能跟着老师多学习些本事，为己打算。当然，条件是只能委屈我跟老师一起做保险；另一方面我已查清，全省共计员工一千多人，有三个区，全国各省都有分公司。

258 问：不是骗子公司就好，年轻人创业之初有些冲动是很正常的，但绝不能因为别人的煽风点火就随随便便地跟着别人去创业，对吗？

答：是啊，创业的道路上充满了诱惑也充满了收获，充满了艰辛也充满了快乐，关键是一定要在安全的环境中去实现自己的创业理想。

259 问：你什么时候入司的，前三个月出单了没有？

答：你怎么知道我们保险公司的行话，你呀一定也在保险公司待过，要不然怎么知道"入司"、"出单"这么专业的词？

260 问：我没有你那么幸运，能遇上一位国际级的营销大师。只是因为有位亲戚做保险，非让我买份保险，我经不起他死缠烂打，天天唠叨，于是就上了一份理财的保险，这知识啊都是从他那儿学来的。

答：我永远也不会忘记我入司的日子，那就是2000年3月15日，一个特别的日子！

261 问：3月15日，那不是消费者权益保护日吗，怎么选这一天？

答：因为我当时就是想用3.15来为我作证，我要做一位诚实守信的保险人，当然也希望我作为一名消费者，我的权益能得到保护，不受欺骗……

262 问：看得出来，你已经不再是那个傻呼呼愣头青的创业者了，你已经是一位很有思想很有目的很有心计的创业者了，恭喜你粗浅的成熟！

答：谢谢！在经过了短短一个星期的公司新员工培训之后，我开始了保险推销的创业生活……

263 问：怎么样，感觉不错吧，我听说推销保险可不是人干的！

答：是啊，"书到用时方恨少，事非经过不知难"，十几天后我终于感受到了其中的一部分压力，这保险果然不是人干的，是人才干的！

264 问：怎么样，放着天堂你不走，这回知道做保险的难度了吧，还是尽早撤出来吧，免得出不了业绩当场丢人。

答：难，可真难。要是当月底没有业绩，可就是挂蛋，离正式转正还要推迟一个月，该怎么办呢？看看每天早上出单的同仁一个个站在台上向大家分享胜利成果时的喜悦，我心里那个着急呀，该怎么办才能出单呢？

265 问：有办法吗，我教你一招！

答：你有什么好主意，我听听。

266 问：给自己买份保险不就得了吗？自己还没有买过保险，还想卖给别人，谁相信呀？

答：唉呀，你真聪明！"英雄所见略同"，我就是自己给自己买了一份保险，然后呢也终于登上了讲台和大家分享我的成功经验，因为我终于破——蛋——了！

267 问：还好意思说？别人去工作是挣钱去了，你倒好，钱没挣上，自己还搭上了不少！我看你下个月怎么办。

答：反正当时也是解燃眉之急嘛，另外每天墙上挂着的业绩榜，你再也不用低着头从它身边溜过去了。首先在心理上有了一种胜利的信念，其次为自己买保险也是给自己买平安。这个理念我还是有的……

268 问：青年人创业时，有很多情况下是在自欺欺人，这个我们都能理解，迫不得已嘛！关键是未来的路该怎么走，总不能骗自己一辈子吧！

答：是啊，当时我的内心也非常不平静，下个月该怎么办，未来该怎么办，难道我连别人都不如，连保险都卖不出去吗？

269 问：全世界成功的人大有人在，难道都是卖保险成功的吗！三百六十行，行行出状元，我相信你做其他行业一定行！

答：人有时真奇怪，越是别人说你不行，你还真想试一试，于是我又下定决心，鼓起勇气，每天早上唱完司歌，开完晨会就头也不回地冲了出去。

270 问：我真佩服你的勇气和这种不服输的精神！

答：我还没输呢，应该是一种必胜的信心和决心，不过头脑发热充满激情的我在职场里还是信心百倍，摩拳擦掌，可一冲出大门被小风一吹，立刻就失去了一半干劲

儿，人也像跑了气的气球开始蔫儿了叭唧的。这该去哪儿啊？面对满大街熙熙攘攘的人群，我心里一片茫然，哪个要买保险呀？

271 问：看吧，精神恍惚了吧，没有目标没有方向没有熟人没有关系，你一个外地人如何能在本地推销保险？苦可是你自找的，别怪朋友们没提醒你……

答：是呀，这可怎么办呢？我彷徨在街上充满了忧郁和无助！

272 问：那你可以请教你的老师呀？他不是高手吗，再说要不是他告诉你十万年薪不是梦，你能受这份糟罪？

答：是啊，由于没有业绩我也非常着急，渐渐地心里就产生了一种不平衡，一种对老师的怀疑……直到有一天，我获得了新生！

273 问：新生，什么新生？难道是你向老师辞职不干了吗？

答：我哪有那么不坚强啊，直到有一天，老师给我们讲了一句经典的话，并且很幽默地为这句话演绎了很多小故事，于是我才大悟——我无业绩的主要原因。

274 问：什么话有这么大的威力，让我也分享分享？

答：说了你不要受不了啊，是"可怜人必有可恶之处"。

275 问：什么意思呀，我有些不明白，可怜人，可恶之处？

答：就是告诉我们，我为什么没有出业绩，为什么会目标茫然，为什么会孤立无助的成为了可怜人，是因为我有可恶的地方！

276 问：啊，这么直接地批评人，也太没有面子了吧，怎么也要讲究一下方式方法吧，一点都不艺术，还是高手呢！

答：反正我们那一群可怜人当时被说得体无完肤，羞愧无言。本来以为自己是遭人同情的可怜人。现在成

了老师和众人心目中的可恶人了！不过老师当时很会运用方法巧妙地用故事将我们的不悦化解，但目的已经达到，当时我就知道了自己的病根在哪里。同时我也从内心里非常佩服老师入木三分的批评，后来我才明白这一招在佛家来讲叫"棒喝"，能起到让徒弟顿悟的效果！

277 问：看来这一棒子对你很有用，你顿悟了吗？

答：我顿悟了，怪不得我刚入司后老师在台上不断地讲营销流程和营销心态，包括如何去专业地循序渐进地开拓市场，每日填写工作日志，每日六访，而且告诉我

要有平常心，每天简单、坚持、重复，就是成功的开始！

们："要有平常心，每天简单、坚持、重复，就是成功的开始！"

278 问：那刚入司时你没有听话照做吗？

答：没有，我只是想着出单、破蛋，哪有那些功夫去填写工作日志、每日六访、客户整理和分析呢？

279 问：那也不一定非要那样做呀，那不是很教条，很机械吗？

答：所以刚入司的前十几天我一头扎进了当年通信市场的客户群里，因为他们个个开店，个个很有钱。我当时异想天开，觉得自己肯定能成为本月新人出单冠军！

280 问：结果呢？

答：结果是我心目中最有钱的这个人群，在我的强烈"炮火"的攻击下，不仅一个没有倒下，反而全部出来抵制我做保险，而且还好言相劝让我继续做手机生意，别干保险了。在上次老师的棒喝之下，我突然意识到，我失败的原因！在他们这里我犯了冒进主义错误，并且打草惊蛇，才造成了全盘皆输的败局！

281 问：看来这一行真是有门道，不是有钱的人就一定会来买保险，并且方式方法不对还真的会事与愿违，这可是你本市唯一的一群有钱客户啊。这回

可怎么办？

答：是啊，由于我的冲动和功利行为，我完全破坏了我自认为可以生存发展的市场，而且到后来也没有一个老板在我这儿买保险！

282 问：看看，市场就是如此的残酷，创业方式不对，不仅丢掉了市场，还丧失了朋友对你的信任，教训啊！

答：是啊，创业过程中会遇到各种各样的事，尤其是自己心目中的朋友不理解自己，不认可自己的时候，那是非常伤心的。但永远记住，"人生本来就是一场场战斗，但切记，敌人不是别人，而是自己，只有战胜了自己，你才会永往直前！"

283 问：非常的经典，有所同感啊。那后来怎么样，你有进步吗？

答：我进步很大，因为我渐渐地放下了架子，平和了心态，开始非常虚心地跟老师学习，而且我更谦和了，更真诚了，更善良了，但也更会办事了。我从老师那里学到的东西是我一生的创业财富，取之不尽！

284 问：有那么神奇吗？学了多少能取之不尽呀？

答：可能别人整理保存的不多，但老师离开我们去上海时，我所记录下来的学习资料有七个笔记本，上面记录了在此期间我所学到和领悟到的所有精华所在……

285 问：七个笔记本的记录资料，看来真不少呀！他对你起到了多大的帮助，能说得具体点吗？

答：举个例子吧，老师首先开悟了我的商业头脑，让我成为了一名专业的商业人士，这让我受益匪浅；其次，老师不仅授我以鱼，还授我以渔，这是让我受益终身的本领；而在老师每天大量的潜移默化的教导下，我不仅学到了如何去

卖保险，最关键的是悟到了如何卖万物的商业法则，而且他也让我渐渐地由一名普通的保险业务人员成长为一名懂商业懂管理的领导者。可以这么说吧，他指导了我人生前进的方向，定位了我人生的选择！

286 问：原来老师给你的帮助有这么大啊！那他也同样培养了不少其他人吧？

答：是的，他培养了很多人，但真正能悟到的人并不多，尤其是学以致用的人少之又少！

287 问：看来师父领进门，修行在个人啊！"机会总是掌握在那些提前做好准备并为之付出的积极者手中"，再一次恭喜你，你大舍有大得！

答：谢谢，也正是遇上了这么好的老师，再加上自己的勤奋好学和商业悟性，我终于明白了一句话。

288 问：一句什么话？

答："读万卷书，还需行万里路，行万里路还需名师指路，名师指路还需自己开悟！"

289 问：说得太精彩了，你真是此话的实践者啊！那我想问你，你是如何通过实践证明了老师的这些本领的，能说说吗？

答：好的，可以，你还记得我在通信公司干过吗？

290 问：记得呀？你英姿焕发，踌躇满志，干得非常好。后来由于某些原因离开了，不过你说你的经理对你很好……对了，你怎么不找她去卖保险？

答：嗯，你记得很清楚。其实呀，我一开始就想到了她，但人嘛，总想在自己的领导跟前有所成绩才会去拜访的。所以我先跳过了经理，找了其他的通信市场的客户朋友，结果一败涂地，你也知道的……

291 问：幸亏你没有找经理，就你当时的水平，还不得把经理也吓跑了，从此都不敢再见你！

答：是啊，不能把鸡蛋放在一个篮子里啊，要不那风险就大了！

292 问：怎么样，经理在你这儿买保险了吗？

答：买了，还买得不少！

293 问：有进步！你是怎么向你经理推销保险的？

答：前期的失败，再加上老师的棒喝和教育，我痛定思痛，认真总结教训，仔细分析原因，再加上苦练基本功夫，终于悟到了保险的真正意义后，我开始了行动……

294 问：唉，那保险的真正意义是什么？

答：保险的真正意义就是远行山路车上的备胎，冰雪路上轮胎上的防滑链，快乐游泳池墙上挂的救生圈。

295 问：看来这意义太重大了，太需要了，让你这么一说我觉得我那份保险买值了。

答：所以你说我们经理会轻易拒绝我吗？

296 问：看来不会的，你已经把我说服了。

答：其实我已经不怕拒绝了，不是因为我担心自己做不成这份业务，而是我已经明白卖保险被别人拒绝那是一个再正常不过的事，如果不被拒绝除了运气好就是反而不正常……

297 问：看来你的运气很好，经理没有拒绝你吧？

答：我去见了经理，她非常高兴，还为我沏了茶，并让我坐下，问我这些年去哪里啦，为什么去做保险，将来怎么办。

298 问：你当时也一定很激动吧，做保险的能遇到这么好的客户，就是不买保险也很感激的，是吧？

答：是的，我当时有些受宠若惊，因为自从被通信行业的这些客户拒绝后，我还没有遇上对我这么好的客户呢！当时我心中非常感激我的经理，她不仅没有反对我，而且还鼓励我好好做，说我一定干得会很出色的！

299 问：能遇上这么善解人意的客户，真是不容易呀。

答：是啊，当一个人处于极度的迷茫和困惑中时，外人的一句鼓励话是何等的有奇效，以至于今生难忘！

300 问：所以我们也要多鼓励创业者呀，这桩业务比较顺利，恭喜你的成功！

答：经理和我谈话后，非常真诚地对我说，说我长大了，成熟了，办事稳重多了，又很有思想了，并且向我咨询应该买什么保险，买多少合适。

301 问：看来优秀的人永远值得有眼光的人欣赏，关键是不要辜负了别人对自己的期许和

愿望！

答：是啊，自从离开了学校，已经好久没有人这么夸我了。我在心中牢记了这份寄托！而且我建议经理先不要多买，要买些实用的储蓄性较强的保值型保险，并为她设计了保险套餐组合，价位也不多，经理非常满意。

302 问：看来你这回不是太功利了，能从实际角度替客户省钱并让他们得到最好最全的保险保障，你真的进步了！

答：是啊，没想到我的真诚服务和专业知识打动了经理，之后意外的情况发生了。

303 问：发生什么事啦，经理嫌上得少要加保吗？

答：没有加保，但经理给我介绍了另一家公司的总经理，就在她们公司隔壁同一层楼上，并告诉我好好干，"看你的了！"

304 问：真是好心有好报啊，没有费吹灰之力，就又找到一位老总级别的客户。怎么样，成功了吗？

答：我当时进了老总的办公室，说明身份，正赶上老总好像心情也挺好，正在和公司几位同事聊事儿，然后就让我坐下，又叫了两位同事。就这样，我一对五，开始了破天荒的一场硬仗。

305 问：啊，一对五，一对一还那么难，一对五那不是更难吗？只要有一个人反对，其他人的工作就等于白做了，这太没有把握了吧？

答：没有办法啊，当时的我已经意识到，

"既然无法逃避，那就只能勇敢面对了，拼吧！"

306 问：怎么样，大败而归吧。没关系，"咱是新手，虽败犹荣"，这阵势师兄们也不见得能行！

答：终于一场舌战结束了，除了后来进来的两位同事没有上保险，其他的三位中有两位在我这儿上了保险，而且还包括老总的儿子，我大获全胜！

307 问：真是太不可思议了，我简直就是佩服你，你怎么这么厉害，太棒了，你有这么厉害吗？

答：我也不知道会说服了他们，只是我完全掌握了一种被动的节奏，在整个谈判和说明过程中，其实我只是非常认真地在聆听所有人的疑问和对话，轮到我非解释不可的，我就

说一些，然后呢保持沉默和谦虚的态度继续聆听下去，最后反而取得了大家的认可，并在一周内为他们也设计了保险套餐，并收款班师回朝！

308 问：我听出来了，你这是运用综合的专业技巧，尤其是应用了聆听的谈判方式，使得看似被动的你却成了最有利最善解人意的主动方，你真是学以致用，悟性不一般啊！

答：反正我在回公司的路上还在反省自己，为什么如此得游刃有余。终于我突然明白这是老师全盘教育，弟子大量吸收消化从而在关键时刻由量变到质变的一个反应。我好佩服老师的才华啊！

309 问：我已经看出来了，你是个非常懂得感恩的人。每当你取得胜利表现自己才华的时候，永远都会想起你的恩师。这对我们创业者来说太重要了，只有这样更多的人才会记住你，帮助你！那从此以后你做保险就算入行了吧，是不是以后就容易多了？

答：是的，自从那次以后，我的胆子也大了，底气也足了，理由也更充分了，工作也更积极了，业务也更熟练了，而我陌拜的范围也更广了，当然收获也就随之而来了……

310 问：那你一定非常吃苦吧，我听说保险公司的人非常辛苦，每天都工作到晚上？

答：是的，我非常认可你的看法，据我所知，我们保险公司的人确实非常勤奋，工作到晚上八九点都很正常，而我呢？也一样，每天充满了激情和干劲儿，用我的双脚天天在丈量这个城市的好多角落……

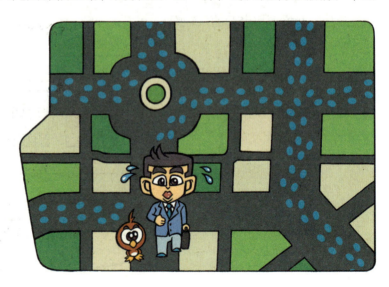

311 问：你是用双脚走着去卖保险吗？为什么不买一辆自行车或摩托车代步呢？走路多浪费时间呀！

答：我除了走，就是去挤公车，一路上马不停蹄，疾走如飞，做保险两年半左右，我走破了十双皮鞋！

312 问：啊？你走破了十双皮鞋，一年四双，我晕了，怎么会这样呢？

答：可能是我买的鞋质量太差了吧，另外我用脚走的路确实很长很长，每天工作到晚上十一点左右，当回家爬楼梯时，我已经再也爬不动了。有好多次我晚上醒来时，脚还泡在脸盆中，洗脚时就已经呼呼睡着了。

117

313 问：何必那么辛苦自己呢，身体是革命的本钱，这样的超负荷运转，会吃不消的。"一个不要命的创业者！"大家可别像他这样。

答：是呀，那时的我借着自己身强力壮，发了疯似的工作，确实也留下了不少后遗症。所以说创业时的勤奋和努力是必要的，但创业过程不是百米冲刺，而是马拉松，需要的是持久的耐力和定力！可当时的我真的不太在乎这些，也可能是为了实现十万年薪的梦想吧！

314 问：对了，在保险公司你实现自己的十万年薪了吗？这个很重要啊。

答：有少数人实现了，但很抱歉，我往往属于大多数人的那个行列。

315 问：那你还那么疲于奔命干什么，别忘了，过程再精彩，结果最重要！这是商业法则。

答：到最后我也没有实现这个梦想，不过我并不后悔，因为我虽没有得到最好的，但我要得到更好的！

316 问：有什么还能比年薪十万重要呢，难道你的价值观发生了偏离？我提醒你，理想不能当饭吃，光辛苦不创造这是在浪费青春，毁灭生命！

答：由于我的出色表现和在公司里的影响，渐渐地我有了一定的个人影响力，一个偶然的机会，我被部门推荐参加省公司第一届PTT讲师培训。如果面试和考试合格，我就会接受公司四天四夜的封闭式培训，而授训老师是全公司最棒的讲师。

317 问：当讲师有什么好的，讲师年薪十万吗，还是成为讲师会奖励十万呢？

答：你知道吗？能成为省公司第一批PTT讲师，这是所有保险业务人员的追求和梦想，但凡是能成为经理的人，能年薪十万的人，他们都是具有讲师资格和水平的高手，而这次是公司首次专业培训讲师，这难道不重要吗？

318 问：听起来是很重要，看来成为讲师就意味着你们拥有了通往年薪十万财富道路的钥匙，将来成功大有希望。

答：是啊，没有金钢钻，如何揽上瓷器活儿，想当年给我副总这个职务我不干，不就是因为我能量不够吗！所以说我必须把握这次机会，充分准备，绝不放弃！

319 问：成功了吗？我相信你一定行！

答：我顺利通过了全部考核，进入了讲师培训班阵营，在那里我迅速地博采众长，吸收养分，给自己奠定了更坚定的讲师基础。

320 问：学成之后有实际用处吗？

答：由于成为了公司正式的讲师，我活动范围也更广了，而且公司经常委派我们这些讲师去给各个部门讲课、培训、解疑，我在精神上和荣誉上得到了一种需求和满足！

321 问：行啊，还真有两下子，不过也要给些补贴吧，不能白出去跑腿吧？

答：给，当然给讲师补贴，虽然不多，但也很给力。因为在这个大家庭我学会了更多的付出和自己所承担的公司责任！

322 问：话是这么说，但我还是希望你在奉献责任的同时，价值能得到经济的补偿，这无可厚非吧？

答：当然，谁不想名利双收啊。但是创业之初的我

们，又有多大的能量去赚取更多的利益呢？渐渐我明白了，大利则大名，大名则大付出，想成就自己的财富梦想，必须有足够的名气，而光亮的名气靠的是我们背后无限的积累和无私的付出。只有这样我们的心态才会更加平和，赢得大众的信赖！

323 问：从此以后，你就可以在这里好好打拼了，这讲师也当上了，业务也老练了，客户也增加了，从此你也就不用太担心害怕了。你就没当个经理独立领导一个部门吗？这也是保险人的追求啊？

答：说实话，你也知道，我其实并不喜欢做保险，我来这里的主要原因是拜师学艺，将来想大展宏图，可是没想到在保险公司还有了一些成绩和功劳，那时我也真想待在那儿继续奋斗下去。

324 问：既然已经喜欢上了一个行业，那就应该老老实实勤勤恳恳地在这里创造自己的价值啊，我可告诉你，当了经理，年薪十万就会梦

想成真，这个你比我清楚。

答：可惜我在这里就没有梦想成真，这真是遗憾，我努力为此拼搏，不惜浪费年轻的生命，但是我始终没有成为经理……

325 问：难道成为经理很难吗？那时的你已经不是筹备金店的你，我相信你绝对有这样的能力去实现自己的经理理想，但为什么没有实现呢？

答：因为我的老师走了，离开了我们去上海了，而留下来的我们是群龙无首，人心涣散，团队不和，无心恋战！

326 问：怎么会这样呢，你的老师不是很厉害吗，怎么一走大家都成这样，一蹶不振？

答：是我们自己毁了自己，可怜人必有可恶之处啊！

327 问：怎么会这样，我有些听不明白，自己怎么会害自己？

答：由于老师的卓越，培养出了一批优秀的领导层，由于领导层的居功自傲，自以为是，大家互相产生了不信任和排挤，老师在时就已经表现得很明显，老师走后，我才明白了当年老师曾经在讲台上苦笑着对我们说"你们每天在寻找明星，其实明星就在身边，当你们哪天失去的时候，就是你们珍惜的时候！"

328 问：于是老师走了，大家都很珍惜，是吗？

答：不是，而是大家不懂得珍惜，所以老师实在是看不下去了，终于离开了我们，而且老师一离开，大家全部乱成了一窝蜂，都想当经理！

329 问：看来团队不团结是件多么可悲的事情，连老师都会弃之而去，很悲哀啊！所以你就对当经理丧失了兴趣！

答：是的，记得老师临走时，我曾单独问他，他走后我该怎么办，我能干什么？

330 问：那老师怎么说？你的十万梦想还未实现呢？

答：老师只是告诉我："没有经历，不成经验；想要经验，处处磨炼。你就去做个讲师吧！"

331 问：于是你就成了一位讲师，处处去磨炼自己，对吗？

答：于是我真的后来成了一位讲师，而且我经常出去给企业去讲团队建设，营销流程、谈判技巧，甚至是初级的商业管理学……

332 问：不对吧，你是保险公司的讲师，讲的只是保险公司的各种课程，那企业里怎么会让你去讲保险课程呢？

答：对啊，我确实做了一年多的企业培训讲师，但不像你说的，我并没有讲保险公司的课程，我是把保险公司的实践和营销管理理论结合自身对企业的研究学习而自己编写的企业课程。

333 问：真的吗？你如此聪明？全部课程都是自己编自己讲，而且从来没有讲保险的东西？

答：是的，我讲的非常有效果，深受企业界的欢迎，就是因为我从不和他们讲保险内容，只讲商业，从而也赢得了他们充分的信任。并且我呢，也得到了保险之外的报酬，那就是培训费。

334 问：太厉害了，如此大的飞跃，这简直就是在转型！那培训费给的不少吧，可保险任务怎么完成啊？

答：因为是初来乍到，没有名气，所以我格外用心地在准备培训课程，保证万无一失。至于培训费嘛，由于我受到了每个培训企业总经理的热情款待和贵宾式待遇，我一般是他们给多少就拿多少，不太计较这个！

答：由于我受到了一个保险人员从未受到的待遇和尊重，当时的我也是一种表示感谢和报答的意思吧，再说我又不是专业管理公司的培训讲师，所以能和有身份有地位的企业主们在一起交流思想，共商大事已经是满足得不得了了，哪还想那么多。但我相信"欲想取之，必先与之"，有舍必有得！

336 问：看看，这就是创业者的胸怀，在敌强我弱的情况下，懂得委屈自己，收敛自己，以待将来，所以有胸怀很重要啊！

答：不是敌人，企业主永远都是我的老师，我的朋友，没有当年他们对我的种种态度，我是不可能进步这么快的，我终于感悟了处处磨炼的真谛

337 问：我发现你创业时心态比较好，而且你对你认识的人都字里行间充满了热情和感激，请问你这是发自内心的感谢吗？还是在逢场作戏？

答：我也发现你特别会提问，而且总是一针见血，一语双关。其实我真的没有修炼过自己的心态，除了老师和公司教育我们一切从善做起，从爱做起，我最大的获益几乎都是来自于许多客户的谆谆教导。虽然在保险公司时我的业绩不是最好的，但我认为我的朋友是很多的，尤其是企业界认识的朋友，无论他们最终是否在我这里购买保险，但几乎全部成为了我事业成长过程中的老师，这不仅让我快速地提升了自己，而且让我了解并理解了许多公司的运作模式，这对于未来的发展起到了非常重要的作用！

338 问：我终于发现了你又一个创业优点，那就是你在所有的客户跟前都表现得非常谦虚好学，虚怀若谷，所以才让你每天边做业务边学习别人的精髓，你真的是一位有心的创业者！

答：我真得非常感激他们对我的真诚帮助，我真的从任何一个朋友身上都能学到他们的闪光之

处，包括从我的团队组员身上也是受益匪浅。

339 问：你怎么还向团队成员学习呢，他们一不是企业成功人士，另外又是你的部下，按常理都是他们跟你学，你怎么会向他们学习呢？有些不理解。

答：作为创业者，千万要记住，我们就是空杯，因为我们阅历空空，成就空空，所以我们极容易学习补充自我，而身边的一切皆有其可学之处。记得有一次我的组员让我陪她去促成一笔保险业务，当胜利收到款后，她很随意但又似乎很认真地跟我说："主任，你刚才面对的是一位资产上亿的老板，没想到十几分钟后你的谈话就让他下了最终交钱的决心，所以我希望你将来有更大的作为，无论现在有多苦，但作为男人一定要活出个样子！"

340 问：喔？你这位组员好厉害呀，对你有如此期待，看来背景也不一般，很有思想！

答：是啊，她也是客户给我介绍的一位朋友，后来跟我做了一段时间保险，家庭经济实力很雄厚，可能出来也是为了活动活动，散散心。但我当时对她说："没办法，这是命啊！"

341 问：咦，你怎么会说这样的话，你也相信命的说法吗？

答：当时的我保险虽然也有业绩，但保险确实是一件很费心思的工作，一旦遇上了理赔上的事儿，有时非常地被动和无奈，可能那时我心情也一般吧，就随口说出了心中的担忧。

342 问：我还以为你每天都开心得像一只小鸟一样，工作、学习、讲课，没想到你也有这么不开心的时候啊。

答：是呀，"人生不易，十之八九，快乐是多么来之不易呀"，所以我就那么说了一句，但我的组员很严肃认真地跟我说："女人可以信命运，男人一定要去改变命运！"

343 问：这么伟大的组员真是语出惊人啊，我好佩服她啊！

答：所以说不要以为部下就没有值得我们学习的地方，就是因为她这么一句话，让我一下子顿悟了男人的责任，而且我至今都记得她对我的教导。

344 问：看来这创业队伍中也是三人行必有我师呀，我以后也要向别人多多学习呢，当然还包括身边的这位啰！

答：是啊，作为创业者的我似乎尝到了这方面的甜头，渐渐地我养成了特别谦和的态度，尤其是亲和力，让我的很多客户都难于拒绝对我的帮助！久而久之我也日渐老练成熟，充满了智慧，社会这所大学有我们取之不尽的知识和财富。

345 问：我看出来了你充分利用了这一有利条件让自己快速茁壮地成长，所以你就像在炼丹炉里炼过一样，充满了一种光芒和坚韧，隐隐中还透出一种锐气。

答：没那么神乎，不过我的确发生了很大的变化，而且年仅二十六岁的我竟然有人猜我三十六岁！

346 问：看看，我说对了吧，说你有些老成，还不相信呢，快说说是哪位英雄与我所见略同呢？

答：是一位药业公司的老板，当时他们集团开的是全国七省经理级会议，并且有两天是营销培训，而这个机会就是经客户介绍推荐了我，这是我头一次给这么大公司的经理级客户培训，所以经过精心的准备后我就开始在那两天全力以赴……

347 问：最后他们满意吗，为什么说你像三十六岁呢？

答：最后取得了圆满的成功，共五十多位领导层成员，包括董事长感觉非常好，而且现场收效也很令大家满意。在庆祝宴上，董事长关切地问我："袁老师，你讲的可真好啊，真是句句都在我的心里。请问你今年三十五还是三十六啊？"

348 问：啊，你给他们讲什么来着，怎么让人家误认为你这么大？

答：我也不太清楚，可能一方面见我当时的着装比较老成稳重以深蓝色为主，另一方面我做保险经常走路风吹日晒比较显老，还有就是我的课程内容讲得比较入木三分，有深度有寓意。反正当时我笑了笑回答，"我今年二十六岁，真不好意思！"

349 问：看来你是久经磨砺，日见沧桑，言语举止间流露出你坎坷的人生痕迹，所以连董事长都以为你是三十六七的创业者！你辛苦了！

答：谢谢，其实也习惯了，我这样做也是受老师指导的结果，因为他告诉我，要想成就自己，必须要辛苦自己。而且他还告诉我，一天要当十天过，一天要干十天的活儿……

350 问：我又不明白了，这一天就是一天，怎么一天能当十天呢？

答：就是让我一定要勤奋努力工作，别人十天的活儿我要一天干完，别人工作的时候，我在工作；别人休息的时候，我还在工作，而长此下去，我一年的成

绩就可能是别人十年的，而我三年的成绩可能就是别人几十年的⋯⋯

351 问：乖乖啊，你这位老师是不要命了吧，你们长此下去，还不得个个累死，这样可不行呀。

答：其实话是有些夸张，哪能真的一天变成十天呢，只不过是让我们不辞辛苦，宝剑锋从磨砺出，梅花香自苦寒来，所以我的这一番解释得到了那位董事长的高度赞叹，并鼓励我一定要多注意身体，做得更加优秀！

352 问：看来这企业主和你有同感呀，他一定也尝尽了这创业的各种苦难。让我们向辛勤创业的企业家们表示由衷的敬意！那你一定也收到了其他收获，比如培训费呀，能告诉我多少吗？

答：你呀对钱真敏感，这真是你的长项。给了，当时是我培训以来最多的一次，两天一千元。

353 问：真的吗，两天一千元，你当年两个月工资了，你真行，祝贺你，看来你在这方面还真有些悟性。告诉我，你就没有遇过很难培训的学员吗？老实说。

答：遇到过，吓得我不敢去培训了，真的！

354 问：真的是一群很难培训的学员吗？还是学员的功底见识水平能力很强，一般的培训师能量不够，压不住阵？

答：果然又让你猜对了，这一批学员全部是一个省级报社里的记者、编辑等工作人员，而且还有总编、副总编也在内，全是搞新闻工作的。

355 问：都是那些经常点评时事的专家，是吧？也难怪，这一群人都是每天读书看报搞社会调查工作的高手，没有绝对

的理论和思想功底你根本拿他们没辙，尤其是他们最不喜欢那些讲空话卖官腔自以为是的理论家，这下可够你喝一壶了吧？

答：一壶，很多壶，当时我真的是没有办法，可是我也推不掉呀。

356 问：为什么啊，这培训你觉得能行就上，不行就走，还能赖上你不成？定是你先收了银子，吃人家的嘴软，拿人家的手短。要不说，创业者千万不要被金钱诱惑地迷失了方向，关键是要实事求是，有多大本事用多大本事，不要好高骛远，免得自己不好收场。

答：你说什么呢，我是那种人吗？我是贪吃贪喝吃拿卡要的人吗？人家这是相信我，才邀请我来为大家培训，我能不去吗？

357 问：厉害！服！做了这么短时间的讲师，搞了十几场培训，就有人来邀请！不过我可是提醒过你，这一帮子人别说是你，很多讲师都不愿意也不敢接这个活儿，你真是有些自信过头了，亲爱的袁老师！

答：你说得太对了，我也是没有这个胆量接这个活儿，因为是总编认识我，请我来的，而且又听他一直赞美我所以我当时感到无比荣幸，脑门一热就去把这活儿接下来了！

358 问：所以说有时我们不仅要承受住别人对我们的冷眼旁观甚至是歧视，还要经得起别人对我们的热情真诚的赞美，这不几句美言就找不着北了。说吧，怎么办？

答：总编说这次报社的活动很重要，但是培训活动就两天，前一天上午是一位大学副教授讲课，经济学的专业人士，可是上午睡倒了一大片，下午大家就不想去听了，可剩下的一天该怎么办呢？要不讲些他们没听过的，于是就找到了我。

359 问：你能有办法吗？不要自己给自己找麻烦。

答：我经过详细的询问，了解了大家的需求和意向之后，我和总编共同决定，把所有人员第二天拉到部队去，集中封闭让我训练一天！

360 问：还真够邪乎的，还把大家带到部队去密闭训练，有那个必要吗？是金子哪儿都发光！

答：我这不还不是金子嘛！所以需要一些外来的环境道具来配合我！不过我也担心培训结果，告诉领导我这次是免费的，全当为报社服务了。

361问：为什么不收呢，那不白干了吗？不多收也要少收些，起码打车费得报吧？

答：是啊，有些时候这钱不仅挣不上，还得自己贴上路费和时间，不过这是每个创业者必经的一个过程，我也一样，况且小不忍则乱大谋，领导看得起你请你来，你再跟人家讨价还价，那也太没有眼色了。这不要钱的表态，让自己彻底没有了心理包袱和责任担当，一方面赢得了领导对自己的赏识以图将来；另一方面也给自己找了个台阶，万一培训不成我也没收你们什么费，岂不简单！

362 问：唉呀，原来你早在心里打过算盘，熟练得很哪，有谋略！

答：不过人算天算也得有真才实学，这是真理！在执行任务时，七分靠才，三分靠胆，只有这样才会急中生智，发挥潜能，遇事不惊，处事不变，才会有成功的把握！

363 问：你这一席话透露出你已经是一位胸有成竹的创业者了，而且有胆有识、敢想敢干，真为你感到自豪啊！

答：是啊，直到那天我才突然意识到原来成功有时也需要一时之勇的那份胆量和勇气。如等考虑周全后再去行动，可能会丧失自己挑战成功的绝佳机会！

364 问：于是你又成功了，是吗？

答：是的，非常成功！这不是我说的，是在宴席上我们那一桌其他的几位副总编一起评价的，他们非常开心，也非常真诚地表达了对我的培训效果的认可，而且有两位领导兴奋地跟我说："袁老师，虽然你年纪比我小，但今天讲得真是太精彩了，我从来不喝酒，今天我要喝醉了为止，我太高兴了！"

365 问：怎么这么兴奋，你有如此大的魅力？看不出来呀！你用了什么仙术让大家如此地敢于释放自己，一吐为快？

答：反正在部队连团长在中午和我们吃饭时都反应，说自己在会议室外听

了一个多小时，里边我们人声鼎沸、热情高涨，就跟部队拉练似的，还夸奖我怎么能把这群老爷们调动起来了，可太不容易了。

366 问：看来你是深藏不露呀，对我们大家都神神秘秘的，不行，告诉我们，到底讲了什么内容，能让大家如此兴奋！

答：好好好，我告诉你，就是我编排了一堂"生命终结"的游戏和生涯规划的歌谣，于是就产生了学员之间对友情，对生命的关爱和珍惜，并且化干戈为玉帛，解除了多年来存在于他们心里的许多怨恨和矛盾！

367 问：你真是太有才啦，我好佩服，你怎么想到他们的病根在这里呀，太聪明了！

答：没有调查哪有发言权啊，当时我询问了领导许多关于他们的工作状态和参会表现，而且领导也是慧眼识珍，为我分析了一部分原因，于是我就对症下药，最后果然事半功倍，收到了疗效。

368 问：因为你望闻问切，知道了病因，于是对症下药，收到了奇效。你真是太伟大了，就像医生一样伟大，真有些像企业医生，对，就是企业医生！

答：也有些像医生吧，反正挺好的，当时我看到培训结果大有成效后，心中无比激动，再次肯定了自己的一次成功，而且让我最最难以忘怀的是总编在喝酒时，偷偷塞给我五百元钱。

369 问：真的吗，太好了！这是对你成绩的极大肯定，你收下了吗？

答：我不好意思地看着总编，但从他眼神里看出来我必须收下这笔钱，他的目光坚定而有力，于是我就将钱紧紧地攥在手里……

370 问：哈哈哈，真有意思，是自己的永远也跑不掉，不是自己的求也求不来！看来你是名利双收啊，再次恭喜你！

答：谢谢，非常感谢！其实有些时候，也很惊险的，不是每一件事情都会按提前准备的那样顺利进行，有时也会遇上突发事件，让人倍感紧张。

371 问：有吗，会有这样的事吗？怎么样，再给我们分享一下你的惊险遭遇吧？

答：好吧，记得有一次我被邀请参加某品牌电脑生产商的全国代理商订货会，

本来按计划在下午四点到六点钟是我来为在场的三百多代理商进行一个促销或营销促成推广演讲，但没有想到的是最后只剩下四十分钟让我来讲营销，这时的我已经发现必须要调整培训内容以"变来应万变"了。

372 问：怎么会这样，时间怎么会这么短，这该怎样才能讲出效果呢，到底发生了什么事？

答：是这样的，下午两点钟的时候会议正式开始，结果总经理上去讲话，副总经理上去讲话，营销经理上去讲话，而且一讲就是那么长，他们只顾自己讲的感觉反而忘记了对时间的把握，几次主持人提醒都没有结果，全场已经开始出现骚乱了。

373 问：怎么讲这么长时间，那会让客户很反感的，反而弄巧成拙，费力不讨好！

答：所以说这讲话呀也得注意火候，注意分寸，注意节奏，由于长达三个多小时的几位领导讲话，长篇大论，没有重点，引起了在座许多代理商的反感，会场上响起了鼓掌喝倒彩的声音。

374 问：这太紧张了，弄不好这样会影响本次定货采购的情绪，这是招商大忌呀！

答：是啊，由于代理商的现场反应强烈，厂家领导终于意识到了自己的行为，于是让助理通知我，五分钟后我上场进行最后一个计划的实施。

375 问：你该怎么办啊，那时再要上去讲话，无论是谁都会面临极大的风险，可能在场的客户会一哄而起，不参加会议了。你不该上场呀。

答：只剩下四十分钟了，大家就要吃晚饭，可是今天下午的会议举办得已经非常不成功，如果再没有人在最后时刻力挽狂澜，有可能直接影响第二天的订货效果。当时焦急的主持人私下问我怎么办，我问他总经理什么意思，他说总经理就看你的了。我咬了咬牙，冲了上去！

欲知后面故事请关注本系列图书下一本《天生我财》！